KB197462

함께
이어가는
우리

함께 이어가는 우리

당진고등학교혁신기록팀

에듀니티

학교의 역사와 변화를 기록하는 일은 자료의 보관 및 인수인계의 연계성이 부족한 현실 속에서 많은 어려움이 따랐습니다. 그래서 현재 학생들이 중심이 되어 이 과정을 진행하였습니다. 이 책은 기록을 진행한 학생들에게 당진고등학교가 지난 10년 동안 겪어온 변화를 되돌아보는 귀중한 기회를 제공합니다.

현재의 모습은 익숙하게 느껴질 수 있지만, 이는 10년간의 혁신과 성장의 결과로, 학교 공동체의 지속적인 발전을 잘 보여줍니다. 이 책을 통해 학생들은 자신의 모교가 걸어온 길을 이해하고, 그 속에서 자신들의 정체성을 발견할 수 있을 것입니다. 과거와 현재를 잇는 이 기록이 많은 이들에게 감동과 영감을 주길 바랍니다. 감사합니다.

김영곤 당진고등학교 교장

{ 추천의 글 }

처음 가는 길은 언제나 어려움이 따르지만, 같은 뜻을 가진 동행자가 있다면 그 여정은 훨씬 수월해집니다. 당진고등학교는 대흥고등학교와 함께 충남혁신학교의 10년 역사를 함께 걸어왔습니다.

학생들의 눈으로 기록된 10년의 여정을 축하합니다. 앞으로도 우리의 꿈은 계속될 것이며, 충남의 모든 학교가 혁신학교가 되는 그날까지 동지로서 함께 나아가겠습니다. 다시 한번 진심으로 축하합니다!

권덕홍 충남혁신고등학교네트워크 대표

대흥고등학교 교사

우리는 과거, 현재, 미래라는 단어로 시간을 나누어 인식하고, 이런 인식이 당연한 것이라 생각합니다. 하지만, 사실 시간은 연속적입니다. 그래서 과거는 현재의 삶과 단절되지 않습니다. 미래 또한 마찬가지입니다. 당진고의 혁신학교 10년 기록물은 이러한 시간의 연속성에 대한 통찰을 토대로 쓰여졌습니다. 혁신학교 10년의 역사를, 현재 학교에 다니는 학생과 선생님의 삶으로 투영하고 있습니다. 그래서 신선했습니다. 그 진솔함이 더 살뜰히 다가왔습니다. 그리고, 중간중간의 인터뷰는 현재의 모습과 10년의 모습을 이어주는 연결고리로 또 다른 재미를 선사했습니다. 주도성이 돋보이는 당진고 학생들의 모습은 이런 선배들의 내공이 시나브로 스며든 결과라 생각합니다.

당진고 혁신학교 10년 마침보람을 다시 한번 진심으로 축하드립니다. 여러분이 충남 혁신교육의 미래입니다.

정완섭 전국혁신고네트워크 집행위원
충남교육청 정책기획과 장학사

{ 목차 }

3월
*
첫 마음

5월
*
황금기

과거의 일과 현재의 기록 사이에서

과거의 일을 겪지 않은 사람이 당시의 상황에 대한 글을 쓰는 것은 어려운 일이다. 혁신학교 10년 차 기록물 제작은 그래서 과거를 더듬어 가는 작업일 수밖에 없다. 여러 차례의 토의 끝에, 과거의 내용을 쓰기에는 많은 어려움이 있다는 결론에 도달했다. 회의 과정에서 현재 당진고등학교의 모습을 기록함으로써 과거를 유추해 볼 수 있다는 의견이 나왔다. 그리고 현재의 모습에서 무엇을 담을지에 대한 논의도 이어졌다.

당진고등학교를 대표하는 책인 만큼, 학교의 장점을 잘 담아내고 싶다는 의견이 모였다. 이를 위해 학교 구성원들에게 설문조사를 실시하여, 당진고등학교의 좋은 점과 책에 어떤 내용을 담았으면 좋을지를 물었다. 학생들의 주도적인 면과 학생 활동에 대한 의견이 다수였다. 좋은 점에 대해 구성원들이 비슷하게 느끼는 것 같다. 그래서 이 글은 교사의 글이 아닌 학생이 쓴 글로 구성되면 좋겠다는 생각이 들었다. 동시에 학생들이 글을 쓰는 과정을 통해 현재의 삶에도 긍정적인 영향을 받기를 바랐다. 하지만 글쓰기가 쉽지 않은 일이기에, 업무 담당 교사들이 먼저 글을 쓰고, 학생들도 함께 쓰는 방식으로 진행해야 할 것 같았다. 우리는 매주 화요일 점심시간에 모여 글쓰기와 관련된 협의를 하고, 학교에서 일어나는 일들을 서로 공유했다. 그리고 각자가 학교생활에서 겪었던 일들을 기록하고, 그에 대한 생각들도 적어 나가기로 했다.

주어진 상황에서 우리는 학교에서 있었던 일과 느낀 점들을 매주 한 편씩 써 내려갔다. 물론 매주 쓰는 것은 어려웠다. 또한 그 글들을 쓰는 과정이 그리 오랜 기간이 될 수는 없었다. 현실적으로 시험 기간에는 쓰기 어려워 조금 쉬어가니 학생마다 조금씩 다르지만 10주 정도 쓰게 되었다. 길지 않은 시간이지만 그 기간에 학교를 관찰하고, 한편으로는 쓰기에 대해 부담을 느끼며 한편씩 써 내려갔다. 더 많은 양을 쓸 수도 있겠지만, 공부는 물론 다른 활동도 하고 있으니 생각보다 여유롭지는 않았다. 그래도 3개월 정도의 시간 동안, 매주 쓰기에 관해 이야기도 하고 졸업생 인터뷰도 구상하는 등 회의를 하는 과정에서 어려운 점도 있었고, 각자 학교에 대한 이야기를 듣는 과정이 즐겁기도 했다.

당진고등학교의 혁신학교 지정 10주년에 주어진 '혁신학교 10년 차 기록물 제작'이라는 과제는 사실 학교 현장에서 많이 부담스러운 일이다. 이 일을 맡게 된 것은 숙제 같다고 느낀다. 그러면서도 이 숙제를 교사와 학생들의 경험과 성장이 되기를 바라는 마음이었고, 이 과제가 끝났을 때 결과물의 탁월함보다 이런 경험으로 인생에서 좋았던 일로 기억되길 소망한다. 이번 과정이 자신의 삶에서 다음의 선택에 어떤 계기가 되었으면 좋겠다. 물론 교사인 나에게도 그렇다. 전문적학습공동체 대표교사 모임에서 어떤 선생님이 이런 이야기를 한다.

"목표가 있었을 때 전문적학습공동체 운영이 잘 되었던 것 같아요. 당장의 목표가 있으면 그것을 위해 나름 노력해서 무언가를 생산했던 것 같아요. 그런데 그게 없으면 해이해지니까…"

이 기록물을 진행하면서 목표를 잘 이루고 싶다는 소망과 그에 따른 초조함, 과정의 어려움, 논의할 때의 즐거움 등 다양한 감정을 느꼈다. 물론 이 글의 전체 목표인 10년간의 당진고등학교 모습을 모두 표현해주지 못하는 것은 사실이다. 그러나 현재 당진고등학교의 모습을 통해 과거를 유추해 보고, 졸업생 인터뷰를 통해 현재 재학생들이 당진고등학교에 대해 더 많이 생각했으리라 본다. 나 역시 당진고등학교에 근무한지 아직 2년도 채 되지 않았지만, 이전에 근무했던 어떤 학교보다 더 깊이 생각하게 되었다.

또한, 이 책에는 글쓴이 개개인의 개성이 드러나길 원했다. 학교 공동체로서 단체의 성격도 중요하지만, 개개인의 개성이 조화롭게 구성된 형태의 공동체가 이상적이라고 생각하기 때문이다. 그래서 이 글쓰기에 참여한 학생들의 개인적인 감정과 생각이 담기길 바랐다. 그것이 10년차 기록물 제작이라는 형식에 적합한지는 잘 모르겠지만, 교육이 학생 한 명 한 명의 삶을 무시하고 이룰 수 없기에 이 글에도 학생 개인의 삶이 녹아들길 원했다.

이러한 이유로 학생들이 학교 공간에서 같은 일이나 경험을 다르게 느끼고, 생각이 다르다는 점이 그대로 드러날 수밖에 없다. 예를 들어, 학생 다모임과 행복나눔데이와 같은 당진고등학교만의 특색 있는 행사에 대한 경험을 학생들이 여러 번 반복하여 쓰게 될 수밖에 없었다. 그러나 이것을 하나만 남기고 삭제하는 것은 옳지 않다는 생각이 들어 그대로 담았다. 우리가 학교에서 지내는 하루의 모습은 특별할 것이 별로 없을 수 있다. 그러나 생각해 보면 그 일상의 과정에서 성장하고 배움이 생기며 작은 생각과 경험들이 쌓여 자신의 삶의 의미를 만들어 간다.

우리들의 일상만으로 10년 차 혁신학교 기록물이라는 명칭으로 실어 내지는 않았다. 우리는 과거의 학생과 교사를 인터뷰했고 지금과 그 당시의 모습을 실으려 노력했다. 시간의 한계로 많은 사람을 인터뷰할 수는 없었기에 2015~2020년까지 학생회장을 맡았던 졸업생을 섭외했고 당진고등학교에서 오래 재직하고 초기 혁신학교를 이끌었던 선생님을 만나 인터뷰를 진행했다. 그 과정에서 과거의 일들을 알게 되었고 현재의 모습과 비교하며 서로 공감의 시간을 갖게 되었다. 또한 과거 일련의 일들을 통해 혁신학교에서 이루고자 한 교육의 본질과 그 과정의 어려움도 알게 되었다. 그리고 성장한 교사와 학생의 모습을 보며, 밝은 미래의 모습으로 다가왔다. 그들이 자랑스럽게 빛나 보였다.

　물론 인터뷰 과정은 의미 있는 시간이었으나 글로 표현하는 것은 또 다른 문제로 다가왔다. 이 책을 쓴 교사와 학생들의 글은 참으로 부족하다. 그래서 3월에 쓴 글이 더 어설프다. 그런데 시간이 지날수록 조금씩 성장해 가는 모습이 보였다. 이것은 학생들 스스로 느끼고 했던 말이다. 책을 쓰는 일은 처음이기에, 그리고 일상의 글을 이렇게 쓰는 것이 낯설기에 어설프다. 어설픔이 규범화된 잣대로 재어지지 않고 그 나름의 생각을 존중받고 이 존중이 또 다른 성취가 이어지길 바라는 마음이다.

구성을 월별로 한 이유는 우리가 겪은 각 달의 경험이 학교에서 매번 반복되는 생활을 보다 생생하게 보여주고 싶었기 때문이다. 이를 통해 학생들의 일상과 특별한 순간들을 더욱 잘 전달할 수 있을 것이라고 생각했다. 선생님의 인터뷰는 처음에 담고 5명의 졸업생 인터뷰는 이러한 월별 이야기 사이에 배치하였다. 처음에는 1년 동안 이 활동을 진행하고 싶었지만, 고등학교 과정이 학기별로 이루어지는 특성상 1학기로 한정하게 되었다. 한 학기의 이야기를 통해 다음 학기를 유추하고, 이 책에 담기지 않은 당진고등학교의 다양한 모습들을 상상할 수 있기를 바란다. 월별 구성은 우리의 인생에서 겪는 수많은 반복과 각 달의 학교 일상을 보여주는 중요한 역할을 한다. 한 학기는 그다음 학기를 위한 과거이며, 그다음 학기는 과거와 유사하지만 어떤 부분에서는 다른, 반복되는 미래로 이어진다. 이러한 반복 속에서 우리는 성장하고 변화하며, 소중한 경험을 쌓아가게 된다.

책을 처음 출판하는 만큼 부족한 점이 많지만, 이 기록물이 당진고등학교의 과거와 현재가 진술하게 드러나는 계기가 되기를 진심으로 바란다. 우리가 겪은 일들이 단순한 기록을 넘어, 학교 공동체의 소중한 이야기로 남아 많은 이들에게 의미 있게 다가가기를 소망한다.

학생의 행복이 나의 행복이었어

"과거 저의 교직 생활의 목적은 학생들을 명문대에 보내는 것이었어요.
이 교육관이 학생들의 행복으로 바뀌면서 제 삶도 행복해졌어요."

이돈언 선생님을 만나고 나서 가장 기억에 남는 말이 있다.

선생님을 만나기 전, 과거에 쓰신 글을 읽었다. 그 글에는 혁신학교
초창기의 모습과 민주적 회의 문화에 대한 깊은 통찰이 담겨 있었다. 그
과정이 결코 쉽지 않았음을 알게 되었고, 과연 어떤 모습이어야 회의가
성공적이라고 할 수 있을지에 대해 많은 생각을 하게 되었다. 혁신학교
의 가장 중요한 과제는 바로 민주적 협의 문화이다. 학교 안의 계급적 분
위기를 전환하여 모든 학교 구성원이 주인이 되는 것을 꿈꾸는 과정은

불가능해 보일 만큼 도전적이다. 그러나 이돈언 선생님의 글에서는 그 과정이 고스란히 녹아 있어, 그 힘든 여정을 함께 느낄 수 있었다.

다음 주에 선생님을 만나 인터뷰하기로 했다. 어떤 이야기를 들려주실지 매우 궁금하다. 얼굴은 몇 번 뵌 적이 있지만, 당진고등학교를 혁신학교로 이끌어 온 분의 이야기를 직접 듣는다는 생각에 기록물 제작을 떠나서도 기대가 커진다. 그분의 경험과 통찰이 이 기록물에 얼마나 큰 의미를 더해줄지, 그리고 그 과정에서 우리가 어떤 교훈을 얻을 수 있을지 정말 기대된다.

✱ 인터뷰를 위한 질문 ✱

1. 민주적 협의 문화를 이루기 위해 여러 가지가 필요할 텐데 가장 중요하다고 생각하는 것은 무엇인가요?
2. 혁신학교의 주요 과제 중 가장 중요하게 생각되는 점은?
3. 당진고등학교는 10년간 계속 발전하고 긍정적으로 변화했다고 생각하시나요?
4. 혁신학교가 마무리되고 난 후 우리 당진고등학교의 어떤 역할(모습)을 기대하시나요?
5. 10년 차 혁신학교 기록물에 어떠한 내용이 들어가면 좋을까요?
6. 혁신학교와 혁신학교가 아닌 학교와의 차이점이 무엇이라고 생각하시나요?
7. 당진고등학교에서 혁신 업무를 하면서 가장 기억에 남는 장면은 무엇인가요?
8. 근무할 때 기억나는 학생 자치 활동에 대해 설명해 주세요.
9. 왜 혁신부장을 맡게 되었나요? 어느 시기였나요? 그때의 상황을 설명해 주세요.
10. 당진고등학교의 장점을 무엇이라고 생각하시나요? 우리 학교에 근무하시면서 꼭 하고 싶었으나 하지 못해 아쉬운 일이 있다면 어떤 것들이 있나요?

인터뷰를 하기 전에 어떤 질문을 할지 간략하게 적어보았다. 하지만 막상 선생님을 만나고 나니 그런 질문들이 소용이 없어졌다. 질문에 대한 답변 방식이 아니라, 3시간이 넘는 시간 동안 그동안의 일들을 쏟아내셨기 때문이다. 그 내용을 담기 위해 많은 노력이 필요할 뿐이다. 만약 이 내용이 두서없이 느껴진다면, 그것은 전적으로 나의 글쓰기 능력 탓이다. 열심히 노력해 보지만 항상 한계에 부딪히는 것 같다. 인터뷰해 주신 선생님께 죄송한 마음이 크다. 선생님의 진심이 조금이라도 잘 전달되기를 바랄 뿐이다.

이돈언 선생님은 당진고등학교에서 총 21년을 근무하셨다. 1990년 9월 1일에 수학 교사로 시작하시고, 2010년에는 당진고등학교로 발령받았다. 2015년에 충남 혁신학교가 시작되면서, 당진고등학교에서 추가로 2년 더 근무하시며 2015년과 2016년에 혁신부장을 맡으셨다. 또한 2018년부터 2022년까지는 혁신부장은 아니지만 다시 당진고등학교에 재직하셨다. 이처럼 이돈언 선생님의 교직 생활에서 당진고등학교를 빼놓고는 이야기할 수 없을 것이다.

물론 이 인터뷰의 내용이 그 당시의 모든 일들을 담을 수는 없지만, 이돈언 선생님이 기억하는 당진고등학교의 일면을 통해 10년간의 변화 과정을 보여줄 수 있었으면 한다. 아래 내용부터는 이돈언 선생님의 말씀으로 구성하여 작성하였다.

/ 교육에 대한 생각이 변화한 계기 /

2013년이었다.

"가을 어느 날, 햇살이 따뜻한 오후 자습실에서 같이 공부하던 친구들이 집에 가는 모습을 보면서 한번 따라가서 따스한 햇볕도 맞아보고 싶고, 가을을 느끼고 싶었어요. 하지만 그렇게 하면 모범 우등생이 도망갔다는 선생님의 질책도 걱정되고, 부모님의 기대감을 무너뜨리게 될까 봐 결국 그러지 못했어요. 만약 제가 S 대학에 붙었다면 다를까요? 아니요. 그래도 이 감정은 동일할 것 같아요. 솔직히 저는 제가 설계하지 않은 미래 때문에 제 고등학교 생활을 저당 잡혀 생활한 것 같아요. 고등학교 시절 진정한 나는 없었어요."

공들여 명문고에 보내기 위해 가르친 학생이 찾아와서 한 말이었다. 이 말이 교육의 본질이 무엇인지를 고민하고 삶의 행복은 어디에서 비롯하는지를 생각하게 했다.

'아, 내가 애들을 너무 잘못 키웠구나! 가을 화창하고 맑은 날 햇볕을 쬐며 행복을 누릴 단 몇 시간도 마음대로 쓸 수 없는 불쌍하고 짠한 학생들로 만들었구나!'

정신이 번쩍 들었다. 또 다른 학생은 S 대학교에 보내려고 학생을 괴

롭혔는데, 주말에도 교내 자습실을 개방하고 최상위권 학생들에게 "조금만 더 참고 열심히 하라."고 지속적으로 강요했다. 학교의 명예가 S 대학 입학인 것인지, 학생들이 왜 자신이 원하지도 않는 미래 때문에 희생되어야 하는지, 나의 욕심을 위해 왜 그 햇살을 포기하게 했는지에 대해 생각하며 교육의 본질을 생각해 보게 되었다.

또 다른 충격을 받았던 일은 당진고등학교에 대해 이야기를 나누는 두 명의 중학생 이야기였다.

"학교 어디 갈 거야? 왜 이렇게 공부 안 해?"
"안되면 당진고라도 가야지."
"으이구, ㅇㅇㅇ."

이 말을 듣는데 마음이 너무 아팠다. 당진고등학교가 좋은 학교라는 소리를 듣게 하고 싶었다. 이런 생각과 더불어 학교 안에서 동료 교사들과 교육에 관한 여러 이야기가 오갔다. 지금의 상황에 대해 문제점을 인식하고 더 나은 교육이 없을지에 고민하며 괴로움을 서로 이야기 나누는 일이 많았다.

"우리는 그때 머리 싸매고 고민했어요. 이 아이들을 어떻게 가르쳐야 할지, 방법은 어디에 있을지 찾아보고 서로 이야기 나눴습니다. 연수도 많이 듣고요. 한 선생님이 이곳저곳에서 배워와서 알려주기도 했어요. 그때 함께한 선생님들이 있어 많은 공부가 되었어요."

인터뷰

/ 혁신학교 이전에 교장 선생님으로 인한 변화 /

"그분을 통해 회의하는 방법을 알아가고 배웠어요."

2012년, 새로운 교장 선생님이 부임하시고 나서 학교에서 회의를 정말 많이 하게 되었다. 그 방식은 다양한 주제와 학교 일들에 대해 화두를 던지고, 부장 회의 시간에 개인의 의견을 꼼꼼히 들어보는 토의와 토론의 형태로 진행되었다. 틈나는 대로 담당자와 부장들의 불만이나 애로 사항을 미리 정리해 놓고, 이를 바탕으로 이야기를 꺼내기도 했다. 새로운 것을 시도할 때에는 직접 예산서를 가져와서 어떤 명목으로 지원할 수 있을지 고민하는 시간을 가지기도 했다.

그 회의 시간 동안 교장 선생님은 자신의 의견만 말씀하시지 않고, 발언을 하지 않는 선생님이 계시면 부드럽게 발언을 요구하는 모습이 인상적이었다. 한 번은 전체 연수 시간에 그동안 부장 회의를 통해 정리한 내용을 바탕으로 당진고등학교를 바꾸기 위한 64개 과제를 발표하셨다. 그때 학교 선생님들은 "지금의 업무에 이 과제를 추가로 하게 되면 선생님들이 다 죽습니다."라며 반대의 목소리를 냈다. 이에 교장 선생님은 그 의견을 받아들이며, 한 번에 모든 것을 하려는 것이 아니라, 우리가 우리의 문제를 스스로 깨닫는 것이 중요하다고 강조하시면서 계속해서 회의의 장을 만들기를 원하셨다.

선생님들은 각자의 의견이 소중히 여겨지고, 하나하나의 의견에 귀

기울여 주시는 모습을 보며 큰 감동을 받았다. 교장 선생님은 선생님들에게 무리가 가지 않도록 차근차근 접근하는 방식으로, 학교의 변화를 이끌어 나가고자 하셨다.

당시 학교에서는 학생들의 장난이나 다툼으로 인해 "와장창" 소리가 한 달에 한두 번씩 들려왔다. 그 소리 때문에 행정실에서는 유리창을 보수하느라 수고가 많았다. 하지만 교장 선생님이 부임한 이후로 그 소리는 사라졌다. 과연 왜 그런 변화가 일어난 것일까? 알아보니, 교장 선생님께서 학생들과 직접 이야기를 나누고 계셨기 때문이었다. 학생들에게 "편지로 의견을 제시하면 이를 해결하기 위해 꼭 노력하겠다."고 약속하고, 그 약속을 지키기 위해 애쓰셨던 것이다. 처음에는 학생들이 믿지 않았지만, 몇 개의 편지가 교장 선생님에게 전달된 후 그 약속이 실제로 지켜지는 것을 보면서 학생들 사이에서는 교장 선생님에 대한 신뢰가 쌓이기 시작했다.

교장 선생님은 부임하자마자 학교 유리문에 '명문 당진고등학교'라는 표지를 붙여 놓으셨다. 처음에 학생들은 만년 옆의 사립학교에 밀려 그런 단어를 생각할 수 없다며 어이없는 웃음을 터뜨렸다. 그러나 그 교장 선생님이 부임한 지 2년이 지나자 학생들의 입에서 자연스럽게 '명문 당진고등학교'라는 말이 나오기 시작했다. 이러한 변화의 과정이 그리 오래되지 않은 시점에서 나타나니, 학생들의 마음속에서도 교육에 대한 가치관의 변화가 일어났다.

2년 동안의 학교 운영 성과는 눈에 띄게 성장하였고, 학생들에게는 자긍심을 심어주었다. 당시 교장 선생님 덕분에 당진고등학교는 회의 문화와 민주주의를 직접 체험할 수 있었다. 그러나 아쉽게도 이후 교장 선생님의 교체로 인해 상황은 달라졌다고 한다.

/ 혁신학교의 시작 /

더 나은 교육을 위해 함께 고민하는 선생님들이 있었고, 2014년 때마침 행복나눔학교(충남형 혁신학교)를 알게 되어 2015년, 2016년 혁신부장을 맡아 학생들의 행복과 더불어 우리 모두의 행복이 우선이 되도록 실천하는 일에 고민했다.

"연구 주제가 뭐예요?"
"혁신학교라는 거여."
"그게 뭔데요?"
"학교를 바꾸는 거지!"
"어떻게 바꾸는 건데요?"
"나도 몰라! 근데 맡아서 할 사람이 없네!"
"그래요! 그까짓 거 제가 할게요!"
"그래 잘됐다! 이 선생이 해봐."

이미 전라북도와 경기도에서는 혁신학교가 확산되고 있었고, 연수를 통해 그 이야기를 듣고 큰 충격을 받았다. 당진이라는 지역에서 아무것도 모르고 혁신학교를 추진하겠다는 마음에 스스로가 걱정되기도 했지만, 혁신학교의 모습은 이전에 반성하며 앞으로 변화해야 할 필요성을 느꼈던 학교의 모습과 많이 닮아 있었다.

그래서 해보자는 결심을 하게 되었다. 학생들과 교사가 등교할 때 설레고 웃음을 되찾을 수 있는 교실을, 함께 근무하는 선생님들과 함께 만들어 나갈 수 있을 것이라고 믿었다. 혁신학교의 비전 아래, 모든 구성원이 함께 노력하여 더 나은 환경을 만들어갈 수 있다는 희망을 품고 우리는 그 길을 걸어가기로 했다.

/ 민주적인 회의 문화 /

당진고등학교에 근무할 수 있는 기한이 2년이었기 때문에, 학교를 혁신학교에 가장 가깝게 만들기 위해 가장 중점을 둔 것은 민주적인 협의 문화였다. 혁신학교 1년 차에는 회의 문화를 구축하기 위한 다양한 시도를 했다.

새 학기를 맞이하는 2월, 처음으로 혁신학교 연수를 진행하였다. 경기도에서 혁신학교로 변화된 학교의 이야기를 들으며, 교직원들에게 혁신학교란 어떤 의미를 갖는지 인지할 수 있도록 했다. 교사의 의견을 들고 토의하는 과정이 얼마나 중요한지를 강조하기 위해 노력했다. 당시 도교육청의 지원은 큰 의미가 있었고, 동료 교사와 함께 혁신학교 연수를 다녀온 후, 학교 회의 시간을 통해 다양한 프로그램을 협의하는 시간이 마련되었다.

학교의 중심 행사에 대한 협의, 과목별 협의, 세대별 협의회, 전체 협의회 등을 진행하며 대표 한 명이 내용을 정리하여 쿨메신저를 통해 전달하는 방식으로 연수를 진행하였다. 이 과정에서 많은 안건이 제기되었고, 1년 동안 혁신학교 관련 다양한 연수(회의 문화, 학교자치, 수업나눔, 전문적학습공동체 등)와 회의를 끊임없이 이어갔다. 1년 내내 학교의 발전 가능성을 탐색하고, 교사들이 생각하는 혁신학교에 대해 함께 고민하며 생각의 차이와 공통점을 발견하는 시간을 가졌다.

혁신학교를 준비하는 과정에서 처음에는 연수와 회의만으로도 충분하다는 것을 깨달았다. 현재 학교를 진단하고 문제 상황을 인지하며, 구성원이 함께 인식하고 협의하는 과정을 거쳐야만 앞으로 나아갈 수 있다. 또한, 다른 학교와 관련된 연수는 정말 중요하다. 사람은 스스로 깨달아야만 실천에 힘을 얻기 때문이다. 이 과정은 당진고등학교에서 소중한 시간이 되었고, 첫해가 지나면서 학교는 민주적 협의 문화에 대한 깊은 이해를 갖게 되었으며, 이를 바탕으로 새로운 단계로 나아갈 수 있는 발판을 마련할 수 있었다.

/ 학교비전 만들기 /

1년 차 동안의 다양한 회의와 연수를 통해 교직원 간의 혁신학교에 대한 공감대가 형성되었다. 혁신학교 2년 차에는 2월 새 학기 준비 기간에 모든 교사가 참여하여 강사들을 통해 혁신학교에서의 경험을 듣는 시간을 마련했다. 그 전에 토의했던 당진고등학교의 문제점에 대해 논의하고 개선할 수 있는 방안을 마련하는 등 서로 토론하면서 밤을 새워 이야기 나누는 시간이 이어졌다. 이러한 시간을 통해 학교 발전에 대한 많은 이야기를 나누었다.

그때 전북 장수의 장계공업고등학교 교무부장님의 학교 변화에 관한 이야기가 특히 인상 깊었다. 장계공업고등학교의 비전은 '좋은 아버지로 성장하는 행복한 학교'였으며, 이 비전을 학교 교정의 돌멩이에 새겨 넣어 학생들이 늘 볼 수 있도록 하였다고 한다. 학교 구성원 모두가 이 비전에 대해 공유하고 있다는 점이 매우 인상적이었다. 그전까지 단순하고 학생들이 알기 쉬운 단어로 학교 비전을 만든 사례를 본 적이 없어 정말 신선하게 다가왔다. 이후 학교 비전에 관한 토론이 자연스럽게 진행되었다.

교육공동체의 의견을 수렴하여 학교가 나아가고자 하는 비전을 세우는 것이 혁신학교의 첫걸음이라고 생각하며, 학생, 학부모, 교사를 대상으로 학교 비전을 세우기 위해 협의와 관련 대화를 진행했다. 몇 개의 후보가 만들어지기는 했지만, 전체적으로 합의가 이루어지지는 못했다.

단어의 의미가 서로 다르게 해석되었기 때문이었다. 당시 교장 선생님은 학교 비전 만들기가 혁신학교의 1순위 사업으로 보인다고 하여, 장계공업고등학교를 참고하여 '좋은 부모로 성장하는 행복한 배움터'로 설정하는 의견이 나왔다. 이를 혁신학교 T/F에서 1차 논의하였으나, 부모에 대한 다양한 의견으로 반대 의견이 제기되었다. 그럼에도 불구하고 교장 선생님과 여러 선생님의 긴 협의를 통해 최초 안으로 비전을 설정하게 되었다.

결과는 그러했지만, 그 과정은 이전의 의사결정과는 다르게 많은 회의를 통해 서로의 입장을 알게 되었고, 다양한 가치에 대해 공유하는 과정이었다. 2019년 혁신학교 2기 때에는 다시 전체 협의를 통해 새로운 학교 비전을 만들게 되었고, 그것은 '세상을 밝히는 행복한 나, 배려와 공감으로 함께 하는 우리'라는 내용으로 정리되었다. 이러한 변화는 학교 공동체의 성장을 위한 중요한 발판이 되었다.

/ 학교장의 리더십 /

혁신학교 교장 선생님에게 의견을 낼 때는 반드시 부장 회의, 혁신 T/F 회의, 학생회 대표 회의를 거쳐 추진하라는 말씀을 드렸다. 이는 혁신학교의 가장 기본적인 바탕이기 때문이다. 혁신학교 5년 차에 접어든 당진고등학교는 민주적 협의 문화와 소통의 문화가 어느 정도 정착되었다.

주변에서는 당진고등학교가 누구나 쉽게 의견을 개진하고 토론을 많이 하는 학교라고 평가하지만, 때때로 사소한 문제로 오랜 시간을 허비하는 것 같다는 우려의 목소리도 있다.

하지만 합의를 위한 회의와 소통의 시간은 결코 낭비가 아니다. 소통과 협의는 구성원들의 자발성을 이끌어내는 중요한 지점이다. 회의와 토론으로 인해 결정의 시간이 오래 걸리고 일의 진행 속도가 다소 느려질 수 있지만, 구성원의 합의가 이뤄져야 학교에서 행복을 느끼고 열정을 가지고 추진할 수 있다.

다만, 공립 고등학교의 특성상 교장 선생님이 바뀔 경우 상황이 변화할 수 있다는 우려가 있다. 혁신학교와 학교 자치가 교육에서 중요함에도 불구하고, 우리나라의 교직 문화에서 교장 선생님의 권한은 막강하다. 이러한 점은 학교의 지속적인 발전과 혁신적인 변화를 위해 반드시 고려해야 할 부분이다. 교장 선생님의 리더십과 의지가 학교 공동체의 방향성을 결정짓는 중요한 요소임을 잊지 말아야 한다.

그러나 2020년부터 이어진 코로나19로 인해 이전에 쌓아온 일들이 한순간에 무너지는 경험을 하게 되었다. 그때는 협의할 수 없는 상황이었고, 이전의 경험들이 잊히게 되는 너무나 어려운 시기를 겪었다. '현재는 코로나를 극복하고 조금씩 예전의 모습으로 돌아가는 시기일 것이다. 이루기는 참으로 고되고 어려웠으나 잃는 것은 순간'이라는 생각이다.

코로나 이후의 삶은 정말 많은 것들을 변화시켰다. 민주적 협의 문화는 아직 이전의 모습으로 완전히 회복되지 않았지만, 학교의 활기가 점차 생겨나는 것을 보면서 금방 돌아갈 수 있을 것이라는 기대를 품게 된다. 학교의 상황은 계속 변화하고 있기 때문에 현재의 문제점이나 개선 사항은 다를 수 있지만, 민주적 협의 문화라는 기본적인 원칙은 여전히 의미가 있으며, 앞으로도 지향해야 할 방식이라는 점은 변하지 않는다.

이러한 변화 속에서 우리는 다시금 소통과 협의를 통해 학교 공동체를 더욱 튼튼하게 만들고, 학생들과 교사 모두가 함께 성장할 수 있는 환경을 만들어 나가야 한다. 코로나19로 인한 어려움은 분명했지만, 그 속에서도 우리는 새로운 가능성을 찾고, 함께 나아갈 수 있는 방향을 모색해야 할 것이다.

/ 학생의 주도성 /

당진고등학교에 처음 부임한 선생님들은 학생들의 동아리 운영이 자발적이고 주도적인 활동이라는 점을 강조한다. 담당 업무를 맡고 있는 교사들은 동아리 리더들의 다양한 의견을 수용하는 것이 어려울 때도 있지만, 학생들이 자신의 동아리를 운영하는 데 열정을 쏟는 모습이 참으로 보기 좋다고 말한다. 교사는 학생들의 요구를 들어주며 곁에서 도와주는 역할만 하면 되기 때문이다. 이러한 동아리 활동은 혁신학교 운영 내내 선생님들과 교장 선생님들의 여러 의견을 모아 토론하며 발전시켜온 결과이다.

연말 연찬회에서는 동아리와 관련하여 다른 학교의 우수 사례를 정리하여 교직원 회의에서 교장 선생님이 안건을 제시하고, 다음 해 동아리 활동의 방향에 대해 논의했다. 그 과정은 정말 민주적인 과정이라고 생각한다. 6개 소모둠을 만들어 논의 주제를 정했고, 학교 구성원으로서 교장 선생님도 참여하여 1/n 발언의 원칙을 지키며 토의에 임했다. 그리고 합의된 내용을 존중하는 모습이 인상적이었다.

또한, 그 시간에 논의된 내용은 다음 연도의 교육계획서에 반영되었으며, 학생 전체와 만나는 모임에서도 교장 선생님은 중요한 말씀만 간단히 하시고 자연스럽게 학생들의 의견을 듣는 모습을 보여주셨다. 이러한 소통과 협의의 과정은 당진고등학교가 더욱 발전할 수 있는 기반이 되었고, 민주적 협의 문화가 학교 전반에 스며들게 하는 중요한 역할을 했다.

한 가지 다른 예로, 학생들이 교복 착용에 관한 이야기를 교장 선생님과 협의한 사례가 있다. 교장 선생님은 부임 후 학교 구성원들과의 소통에 힘쓰셨고, 이전에 근무했던 혁신학교에서는 교복 착용 비율이 높았다고 언급하셨다. 그러나 당진고등학교에서는 3학년 학생들이 여름방학 이후에 간편복으로 등교하는 경우가 많아 걱정이 되었다고 말씀하셨다. 이는 학부모들의 시선과 신입생 모집에 대한 우려 때문이었다.

교장 선생님은 학생 교복 착용에 대해 선생님들에게 지도를 요구하였고, 일부 선생님들은 엄격한 교복 착용 지도가 현재 당진고등학교에 맞지 않다는 의견을 제시했다. 학생 대표들 또한 같은 의견을 전달했다. 이후 학생회 임원들이 정식으로 교장 선생님과 교복 착용에 관한 회의를 요청하였고, 학생 대표들은 교복 착용의 불편함과 비용 문제에 대해 문제점을 제기했다. 또한, 교복 착용을 일률적으로 강력하게 단속할 경우 교사와 학생 사이의 관계가 악화될 수 있다는 우려의 목소리도 나왔다.

교장 선생님은 회의에 참석한 교사와 학생의 의견이 유사하다는 점을 알게 된 후, 학생회에서 제시한 자율성을 바탕으로 교복을 착용하는 방향에 적극 공감해 주셨다. 본인이 추구한 가치를 바꾸는 일이 어려움에도 불구하고 이를 수용하는 모습을 보였다.

/ 학생들의 행복과 교육의 관계 /

"우리 집은 대대로 명이 짧아요. 그런데 나는 아마 오래 살 거야."

그 이유는 당진고등학교에서 근무하면서 느낀 행복 때문이었다. 학생들의 행복을 바라는 마음으로 근무하고, 그 목표를 이루는 과정이 진정한 행복으로 다가왔으며, 그 변화 덕분에 건강도 좋아졌다. 매일 아침 학생들을 맞이하며 하이파이브를 하고, 당진고등학교의 아침 인사인 "사랑합니다!"를 외치는 것이 처음에는 어렵게 느껴졌지만, 세 번 정도 지나고 나니 자연스럽게 말이 나오는 신기한 경험을 했다. 한 선생님은 처음에는 정말 힘들었지만 1년이 지나고 나니 자신이 건강해졌다고 말씀하셨다.

이러한 활동은 현재 당진정보고등학교에서도 계속 실천하고 있고, 정말 좋은 방법이라고 생각한다. 매일 등교 맞이를 하는 것은 사람마다 사정이 다르기에 실천하기 어려울 수 있지만, 어떤 마음가짐으로 하는지가 중요하다. 실천하는 데에는 용기가 필요하지만, 그 후에 오는 긍정적인 변화는 자신을 더 나은 방향으로 이끌어 준다는 사실을 다시 한번 깨닫게 되었다.

마지막 질문을 드렸다.

"올해를 마지막으로 혁신학교 10년 마무리가 됩니다. 그래도 행복한 당진고등학교가 되기 위해서는 어떤 과제를 더 가지고 가면 좋을지, 당장 내년부터 어떤 모습이어야 할지 궁금합니다."

"혁신학교 이전에도 학생들을 믿어주고, 학생들의 이야기를 들어주는 그런 교사나 교장이 있는 학교의 학생들은 무조건 행복해요. 유리창 깨지는 소리가 안 나는 학교, 이건 정말 신기한 일이었어요. 그때 나는 반성했고 학생들 행복 기준으로 우리가 방향을 설정하는 것이 맞다고 생각합니다. 혁신학교가 시선을 바꿔야 합니다. 교육은 백년지대계라고 하는데 본질이 무엇인지 생각하고 교육에 임해야 합니다. 올해 명예퇴직을 하게 되었는데 당진고등학교에서 아쉬운 사업이 있어요. 당진고등학교에 오면 꼭 읽어야 할 도서 10권을 선정하여 독서를 체계적으로 하고 졸업하면 좋겠습니다. 학생들이 공부에 재미를 붙여서 공부가 즐거운 일임을 알고 졸업하는 것이죠. 그래서 학생들이 인성도 바르고 공부를 잘하는 학생이 되어 졸업하여 사회의 의미 있는 일들을 추진할 수 있는 그런 학생들로 길러내는 것입니다."

이러한 과정이 가능했던 이유로 주변에서 서로 역할을 나눌 수 있는 동료 교사들이 있었기 때문이다. 보고서를 잘 쓰는 선생님, 수업 방법에 대한 노하우가 풍부한 선생님, 교육이 나아가야 할 방향에 대한 혜안이 있는 선생님 등 다양한 전문성을 가진 동료들이 함께했기에 이러한 변화가 가능했다. 이런 협력적인 환경은 각자의 강점을 살려 학교 전체의 발전에 기여할 수 있는 토대를 마련해 주었다. 서로의 경험과 지식을 나누며, 동료 교사들이 함께 고민하고 지원하는 과정이 교육 현장에서 긍정적인 변화를 이끌어내는 데 큰 역할을 했다.

2024학년도 제11회 당진고등학교 합창

일시: 2024년 7월 19일(금) 09:00~16:00   주최: 당진고등학교 음악과

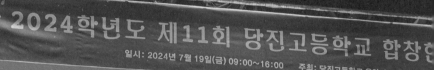

2024학년도 제11회 당진고등학교 합창한

일시: 2024년 7월 19일(금) 09:00~16:00   주최: 당진고등학교 음악과

3월

*

첫 마음

폴 세잔 <사과와 오렌지>

누군가를 처음 만날 때는 긴장과 설렘이 함께 찾아옵니다. '그 사람이 어떤 사람일까?'라는 호기심이 생기는 한편, '상대방이 나에게 상처를 주지는 않을까?'하는 걱정도 드는 것이죠. 인간은 복잡한 존재이기 때문에 상대를 이해하는 것이 쉽지 않습니다. 한 생명체의 성격이나 본질을 파악하기도 어려운 법입니다. 첫인상에 따라 상대를 긍정적으로 판단할 수도 있고, 반대로 부정적으로 규정하는 실수를 범하기도 합니다. 이러한 오해와 편견 속에서 타인에 대한 여러 가지 잘못된 인식이 발생하게 됩니다. 과연 아무런 편견 없이 상대를, 또는 대상을 온전히 이해하는 것이 가능할까요?

김춘수의 시 〈꽃을 위한 서시〉에서는 "나는 시방 위험한 짐승이다."라고 표현하며, "나의 손이 닿으면 너는 미지의 까마득한 어둠이 된다."라고 말합니다. 이는 대상을 규정하는 순간, 그 본질이 감추어진 어둠으로 변한다는 의미입니다. 우리는 매 순간 내가 만들어 놓은 기준에 의해 상대를 평가하고, 그로 인해 편견에 사로잡히고 있지 않을까 생각해볼 필요가 있습니다. 복잡한 세상을 범주화하는 것은 때로는 편리함을 주고 명확한 입장을 정립하게 하지만, 이 범주에 갇혀 대상의 본질을 잊어버리게 되는 것은 아닌지 고민해봐야겠습니다. 그

래서 철학자나 예술가는 그 경계를 넘어 새로운 시각을 제시하는 것이 아닐까요? "세상은 네가 보는 눈으로 보면 절대 진실을 알 수 없어! 새로운 시각으로 봐야 돼." 또는 "이것 봐, 여기에 그려진 사과는 단순한 사과가 아니야. 형태의 근본을 탐구하고 그 대상을 다각도로 살펴봐야 해, 그게 본질이야." 이러한 관점에서 폴 세잔의 작품은 고뇌와 불확실성을 담고 있습니다. 세상을 명확하게 규정 짓기보다는 대상을 새롭고 끊임없이 관찰하는 것이 삶과 세상을 본질에 가깝게 이해하는 길이라고 말하고 있습니다.

누군가 나를 한 단어로 정의하는 것은 불가능합니다. 자신에게는 여러 가지 면모가 존재하는데, 누군가 한쪽 면만을 보고 "너는 그래."라고 이야기한다면, 나는 그 편견 속에 갇혀 다른 면모를 드러내기 어려울 것입니다. 과연 우리는 편견 없이, 다양한 시각으로 대상을 바라볼 준비가 되어 있을까요? 대상을 새로운 시각으로 바라보려는 마음가짐이 중요합니다.

김춘수의 시 〈꽃〉에서 "나의 이 빛깔과 향기에 알맞은 누가 나의 이름을 불러다오. 그에게로 가서 나도 그의 꽃이 되고 싶다."라는 구절이 감동적으로 다가오는 이유는, 나의 빛깔과 향기에 '알맞은' 이름을 불러주는 것 때문입니다.

교사 이준민

\# 예비교사의 첫 출근   \# 예비교사의 혁신학교 맛보기
\# 신규교사의 진짜 첫 출근   \# 신규교사의 첫 수업기
\# 동아리 담당교사가 되다   \# 인사의 힘
\# 하루의 마무리는 배드민턴으로   \# 내가 시험감독이라니

🧑 예비교사의 첫 출근

 아직 3월 이전이기 때문에 정식 출근일은 아니지만, 학교에서 진행하는 '교육과정 함께 만들기 주간' 참석을 위해 이틀간 출근했다. 역사적인 첫 출근 날이었다. 일단 출근을 하기는 했지만, 임용시험에 합격하여 기뻐한 지 채 2주도 지나지 않았다. 합격 일주일 후에는 신규교사 연수를 다녀왔다. 지금은 그 후 일주일이 막 지난 시점이다. 그만큼 합격 이후 모든 일이 급박하게 이루어졌다.

 '교육과정 함께 만들기 주간'은 각 교사들의 업무와 담당 학년을 분장하고, 한 학기 혹은 일 년을 어떤 교육활동으로 꾸려 나갈지 전 교사가 모여 협의하는 주간이다. 아직 학생들을 만나 본 것은 아니지만, 앞으로 함께 당진고등학교의 구성원이 되어야 하는 다른 선생님들과 인사를 나

누는 시간을 가졌다. 이번 연도 홀로 당진고등학교의 신규교사라는 나름의 신비함이 있어 대표로 한마디를 했는데, 열심히 해보겠다는 그 한마디를 하는 동안에도 손이 덜덜 떨려 마이크가 이리저리 흔들렸던 기억이 난다. 그리고나서 교무실 자리 배정을 받았는데, 교사의 자격으로 학교에 들어와 있으니 오묘하면서도 이상한 기분이 들었다.

업무분장 결과 이번 연도에는 담임을 맡지 않게 되었고, 본 교무실의 '창의인성 혁신부'라는 부서로 배정이 되었다. 학교가 어떻게 돌아가는지 잘 모르는 상태로 첫해부터 담임을 맡게 되면 어려운 점이 많을 것이라는 말을 들어 조금 마음이 놓이기도 했고, 한편으로는 담임을 맡지 않아 학생들과 친밀한 관계를 형성할 기회가 줄어들 것 같아 아쉽기도 했다. 안도감과 아쉬움도 잠시, 다음 일정이 급박하게 흘러갔다. 바로 진행한 것은 교과협의회였다. 말로만 들었던 교과협의회다. 교과협의회의 중요 논의 사항은 '이번 학기에 누가 어떤 과목을 가르칠지'였다. 사실 신규교사이기 때문에 학교 교육과정에 대한 이해가 다른 선생님들보다는 적을 수밖에 없다. 그럼에도 "준민쌤은 무슨 과목 가르치고 싶으셨어요?"라는 말로, 나의 의견을 최대한 들어보고 반영해 주시려는 모습이 보여 감사하기도 했고, 다행이기도 했다. 이번 학기 경제와 사회·문화 과목을 맡기로 했다. 드디어 '경제 쌤', '사회·문화 쌤'이 되었다.

첫날은 주로 교과에 관한 협의가 이루어졌다면, 둘째 날에는 업무 인수인계와 부서원들을 만나 보는 시간을 가졌다. 맡게 된 업무에 대해 창의인성혁신부 부장님께서 설명을 해주셨다. '자율장학', '혁신학교', '삼겹살 데이' 등등…. 너무 긴장하고 있었는지 메모를 하면서도 부장님의 말씀이 머릿속에서 조금씩 떠다니는 느낌이다. 모두 한 번쯤 들어본 말들이기는 했다. '생각보다 학교에서 많은 것을 하는구나!' 속으로 생각했지만, 어떤 일을 하는 것인지 구체적으로 이해하기는 아직 어려웠다. 정식 출근을 하면 더 잘 이해할 수 있을까? 걱정도 많지만 설렘이 가득하다.

예비교사의 혁신학교 맛보기

며칠 전 정신없는 채로 교육과정 함께 만들기를 위해 출근한 후, 정식 출근에 필요한 여러 가지 준비를 하고 있었다. 생각보다 할 일이 많았다. 수업 자료도 만들고 부서 업무에 어떤 것이 있는지 익히는 중이다. 그런 와중에 우리 학교의 교무부장님께서 전입교사를 위한 혁신학교 연수에 참여해 볼 것을 권유하셨다. 아마도 이번 해에 내가 '혁신학교' 관련 업무를 맡게 되어 그럴 것이다. 그동안 '혁신학교'라는 명칭만 듣고 있었지, '혁신학교'라는 타이틀을 가지고 있는 학교는 다른 학교들과 어떤 점이 차별화되는지, 어떤 프로그램을 진행하는지, '혁신'을 위해 어떤 노력을 진행하는지 등에 대해서는 잘 알지 못하고 있었기에 좋은 기회라고 생각해 당진교육지원청에서 주관하는 연수에 참여했다. 신규교사 연수에 참여하고 난 뒤 열흘 만에 벌써 두 번째 연수였다.

연수에서는 장학사님께서 동화책 한 권을 소개해 주시며 학교가 학생을 어떻게 대해야 하는지 생각해 보도록 진행하셨다. 그래서 단순한 강의보다 기억에 남았다. 또한 나에게 연수 기회를 제의하신 교무부장님

께서 당진시 대표로 당진고등학교의 혁신학교 운영 사례에 대해서 발표
하셨다. 생각보다 많은 행사가 있었다. 수업도 서로 다른 과목끼리 융합
해서 진행하고, 교사들과 학생이 같이 붕어빵을 만들기도 하는 것 같다.
아직 정식 출근을 해보지는 않았지만, 혁신학교 발표 사례에서 나오는
학교의 구성원이 될 것이라는 사실이 괜히 뿌듯했다. 이러한 점에서 당
진고등학교에서의 생활을 기대하게 된다.

🧑 신규교사의 진짜 첫 출근

'드디어…!' 긴장 속에서 간절히 기다려왔던 첫 출근을 했다. 부끄럽지
만 어젯밤 잠을 거의 이루지 못했다. '학생에게는 처음 무슨 말을 하지?',
'실수라도 하면 어떡하지?', '학생이 내가 첫 발령 받은 교사라는 것을 알
게 되면 어떡하지?' 등의 생각을 하다가 간신히 눈을 붙였다. 물론 2주
전에 '교육과정 함께 만들기' 주간 참여를 위해 잠깐 출근하기는 했지만,
정식 발령을 받고 나서 완전한 교사의 자격으로 출근한 것은 오늘이 처
음이다. 나에게는 역사적인 날이다.

학생들로 시끌벅적한 '학교'의 정식 구성원이 되었다. 대학교를 졸업
하기까지 학생의 입장으로 학교에 속해 있다가, 교사로서 학교에 '출근'
한다는 것이 새롭기도 하고, 뿌듯하기도 하고, 불안하기도 했다. 개학식
에서 다른 선생님들과 학생들에게 나를 정식으로 소개한 후에, 5교시부
터는 생애 첫 수업에 돌입했다. 학생들이 교실에 앉아 있고, 그들은 내가

하는 말 한마디에 반응한다. 누구도 나에게 조언하지 않고, 수업 시간 동안은 온전히 내 시간이 된다.

첫 수업인 만큼 이미 교직에 있는 지인들에게 물어보기도 하고, 내가 생각하는 나름의 흥미 요소들을 준비하여 과목 오리엔테이션을 진행했다. 긴장한 나의 모습을 최대한 숨기려고 깊은 곳에 숨어있는 나의 또 다른 자아를 꺼내서 연기를 하고 온 기분이다. 수업에 반영되었으면 하는 사항을 적을 수 있는 기초 설문지를 배부한 이후, 아이스브레이킹 목적으로 요즘 흔히 말해 MZ세대 사이에서 유행하는 MBTI 맞히기를 가볍게 해보았다. 내가 나름 연기를 잘하고 있었는지 대부분의 학생이 "선생님 MBTI는 E(외향적인 성격)로 시작할 것 같아요."라고 말을 건네었다. 나의 연기력에 나름 뿌듯해하고 있었는데, 한 학생이 "I(내향적인 성격)로 시작할 것 같아요."라고 조용히 이야기하는 것을 들었다. 이유를 물어보니, 첫 만남에 긴장한 것이 느껴졌다고 한다. 너무 부끄러웠다. '내가 잘할 수 있을까…?' 학생들 사이에 유명하다는 아이돌 그룹의 노래 가사처럼 첫 만남은 너무 어렵고 어색하기만 하다. '시간이 해결해 주겠지?'

🧑 신규교사의 첫 수업기

어제는 첫 수업인 만큼 곧장 교과 진도를 나가기보다는 학생들과 친밀감을 형성할 수 있는 시간을 가졌다. 하지만 이제부터는 실전이다. 학생들은 내 수업으로 평가를 받고, 그것을 토대로 대학에 진학해야 한다. 갑자기 부담이 확 밀려온다. 학생들이 졸까 봐 박수도 쳐 보고, 쩌렁쩌렁 이야기도 해보았다. 그렇게 첫 수업이 무사히 끝났다. 첫 수업을 진행하면서 느낀 점은, 옛날 나를 가르쳐주셨던 은사님들의 말씀처럼 "앞에서 보면 너희 뭐 하고 있는지 다 보인다."라는 말로 표현할 수 있다. 맨 앞에 홀로 일어서서 수업을 진행하니 아무리 맨 뒷자리에 앉아 있는 학생일지라도 그 학생이 수업을 잘 듣고 있는지, 졸고 있지는 않은지 다 볼 수 있었다. 평소에 감정 기복이 없어 감정을 잘 드러내지 않는 편이라고 생각했었다. 하지만 오늘 이후 생각이 바뀌었다. 고개를 끄덕거리며 내 수업을 듣고 있는 학생들을 보면 기뻤고, 내 수업에 집중하지 못하는 학생이 있으면 마음 한구석이 아프고, 그 순간이 너무 고통스러웠다. 이런 예상치 못한 감정 기복도 시간이 해결해 줄 듯하다.

오전에 몰려있던 수업을 모두 마치고 7교시에 교직원 회의가 있었다. 처음 맞는 수요일이라 잘 몰랐지만, 매주 수요일에는 대부분 7교시에 교직원 회의와 연수를 진행한다고 한다. 교직원 회의에서의 주요 안건은 '고교학점제 실시로 인해 올해 처음 생기는 학생들의 공강 시간을 어떻게 운영해야 하는가'였다. 평교사부터 교감, 교장 선생님 또한 자신의 의견을 말하고, 다른 교사들의 의견이 모두 존중받는 것을 보고 내가 비록 신규교사이지만 어떤 일이 있을 때 나도 의견을 낸다면 존중받을 수 있는 곳에 들어온 것 같아 안심되어, 교사가 되길 잘했다는 생각을 하게 되었다.

🙂 동아리 활동 소개

당진고등학교 학생 중심의 동아리 활동은 학생들이 자율적으로 참여하고, 자신의 관심사와 취미를 발전시킬 수 있는 소중한 기회를 제공한다. 이러한 활동은 학생들이 협력하고 소통하는 능력을 기르는 데 큰 도움을 주며, 다양한 경험을 통해 사회성을 키울 수 있다.

동아리 활동은 학생들이 주도적으로 기획하고 운영하는 것이 중요하다. 이를 통해 학생들은 리더십과 책임감을 기르게 되며, 자신의 의견을 표현하는 능력을 향상시킬 수 있다. 교사들은 이러한 활동을 지원하고 지도하는 역할을 하며, 학생들이 자율성을 가지고 활동할 수 있도록 도와준다. 이러한 활동을 통해 학생들은 자신의 정체성을 찾고, 미래의 꿈을 키워나갈 수 있는 소중한 기회를 얻게 된다.

당진고등학교 2024년 동아리 부서 현황

☐ 1, 2학년 연합 동아리: 총 26개 운영, 참여 학생 617명

동아리 이름	동아리 분야	인원	동아리 이름	동아리 분야	인원
데자부	사회, 심리	12	안부	연기 + 음악, 노래	16
델타	과학, 물화생	33	에듀	교육	18
디더블유	체육	25	엘리멘탈	생명, 화학	26
라이브러리	독서	28	온에어	방송, 미디어	20
랩	생명공학, 화학공학	22	요리조리	요리, 캠페인, 봉사	24
마스터피스	미술	31	주머니	상경 계열	22
멘토스	교육	32	컴파일러	컴퓨터공학	23
반크	사회	33	투두	인문사회	27
빌드업	건축	24	프라임	생명, 화학, 물리	23
수요미식회	제과제빵, 조리과	5	피니언	물리, 공학	21
시냅스	생명, 화학, 의학	29	피엠	물리, 화학, 공학	27
씬퀀스	광고, 영상	16	하스피타	보건	29
아덴	연극	21	화생방	화학, 생명, 물리	30

☐ 3학년 동아리: 총 11개 운영, 참여 학생 263명

동아리 이름	동아리 분야	인원	동아리 이름	동아리 분야	인원
머신는 건 우리가 할게	공학	25	성장판	교육	23
피직스 대학	공학	24	아티스트	예체능	25
경이로운 상상	경상	24	여가탐색	자유전공	4
대자연의 힘	자연	32	코드블루	의약	27
바이오메티컬	의약	22	크리에이터	예체능	28
상상론	인문	29			

🧑 동아리 담당 교사가 되다

수업이 1교시와 2교시 연속으로 있었다. 각 반의 수업을 마치고 교무실로 돌아가려는데, 두 학생이 동시에 찾아와서 학습 동아리 지도교사를 맡아달라고 부탁했다. 내가 일반사회 교사인 만큼 그들 동아리와 밀접하게 관련이 있다고 생각하여 그런 것 같다. 하나는 '데자부'라는 범죄심리 동아리이고, 하나는 '(주)머니'라는 경제 동아리였는데, 동아리의 이름이 무척 센스있다는 생각이 들었다. 아이들은 생각보다 기발하다. 또한 열정적이다. 나에게 찾아온 학생들 모두 동아리 운영을 그냥 하는 것이 아닌, 자신의 관심 분야라는 것에서 비롯된 열의를 가지고 있는 것이 보였다. 처음 맞이하는 환경에 적응하는 것이 바빴지만, 학생들의 그 열의와 열정 때문에 나도 학생들의 동아리 담당 교사가 되기로 결심했다.

범죄심리 동아리의 지도교사를 맡아달라고 한 학생의 이야기를 먼저 들어보니 반드시 내가 아니더라도 다른 지도교사를 섭외할 수는 있는 상황이었지만, 경제 동아리는 그럴 여건이 되지는 않는 것 같아 다른 학생에게 양해를 구하고 그렇게 동아리 '(주)머니'의 지도교사를 맡기로 했다. 학생들이 가진 동아리에 대한 애정과 열의에 흥미를 느껴, 당진고등학교에서는 학생의 창체 동아리가 어떻게 운영되고 있는지 다른 선생님들에게 여쭤보았다. 이에 다른 학교에서는 교사가 직접 수업하거나 과제를 내주는 등 학생들의 활동에 개입하게 되는 경우가 많다고 하시면서, 이와 다르게 당진고등학교의 동아리는 모두 학생에 의해 개설되며 부원 모집과 활동 또한 그들에 의해 이루어진다고 이야기해 주셨다. 이제 내 아이들이라는 생각이 들어서 그런지 정말로 기특한 아이들 같다.

개인적으로 동아리 활동은 학교생활 중에서도 학생들의 성장에 큰 영향을 미치는 요소라고 생각한다. 자신이 무엇에 관심이 있는지를 알고, 그것을 자신의 의지로 탐구해보는 것은 매우 중요하다. 또한 학생들이 같은 반이 아니었던 학생들과 상호작용할 최고의 기회이다. 맡게 된 '(주)머니' 동아리의 학생들도 학창 시절에서 스스로 활동하는 경험이 주체적인 어른이 되기 위한 밑거름으로 기능하기를 바란다.

🧑 인사의 힘

교사로 발령받고 나서 처음 맞이하는 '불금'이다. '드디어 내일은 주말이라 쉴 수 있다!' 출근 첫 주라서 그런지 수업할 때, 교무실에 앉아 있을 때, 심지어 밥을 먹을 때에도 아직은 긴장하고 있다. 그러다 보니 학교에 내 모든 기운을 맡겨놓고 퇴근하는 기분이다. 이럴 때 기운을 차리는 방법은 잠깐의 휴식일 것이다. 아직 출근한 지 얼마 지나지도 않았지만, 그래도 휴일은 언제든지 환영이다. 이렇게 휴일을 맞는 태도처럼 교사의 감정도 학생과 크게 다를 바가 없다.

예를 들어, 교사든 학생이든 하루를 기분 좋게 시작하면 그날 하루가 잘 풀릴 것이라는 생각을 하게 된다는 것은 상당히 당연하게 느껴질 수 있다. 그렇다면 어떻게 하루를 기분 좋게 시작할 수 있을까? 내가 교직 생활을 막 시작하면서 찾은 방법은 '안녕하세요.', '좋은 아침입니다.'라는, 어쩌면 상투적인 인사말로 하루를 활기차게 시작하는 것이다. 별것 아닌 것 같은 인사일지라도 이는 졸린 나를 깨우고 교사로서의 자아를 불러일으키는 하나의 큰 무기가 된다. 교문에 들어서자마자 학생인권부 선생님들과 학생들이 함께 '사랑합니다~'라는 인사말로 다른 학생들과 교사를 반갑게 맞이한다. 교문을 지나 교무실로 들어서도 인사의 향연이다.

내가 속한 창의인성혁신부가 위치한 본 교무실은 교감 선생님을 비롯하여, 나보다 나이와 경험이 훨씬 많은 선생님들이 많이 계시는 공간이다. 그럼에도 교사라는 이유만으로 존중해 주시고 아침마다 반갑게 인사해 주신다. 나도 반갑게 인사한다. 학교에 오기 전에는, 드라마와 같은 매체에서 직장인들이 인사하는 모습을 보면 '인사'는 모두들 안녕하지 않지만, 사회생활을 하기 위한 하나의 겉치레에 불과하다고 생각했었다. 하지만 요즘 나는 '인사'의 덕을 많이 받고 있다. 피곤한 아침에는 동료 선생님들과의 인사로 피로를 덜어낸 후 노트북을 켜고 내 할 일을 시작한다. 수업이 시작되고 나서는 교실에 들어서자마자 학생들에게 하는 "안녕하세요."라는 다섯 글자의 인사가 기분 좋게 한다. 날이 갈수록 '인사의 힘' 덕택에 학교라는 공간에 적응하고 있다.

🙂 하루의 마무리는 배드민턴으로

이번 학기 수요일은 바쁘지만, 마음은 가장 편한 요일이다. 이날은 1교시부터 바로 수업이 시작되어 3교시까지 연속으로 수업이 있다. 그렇게 3교시까지 시간 가는 줄 모르게 수업을 하고 교무실에 내려오면 목도 아프고 배도 매우 고파진다. 한마디로 말해 지친다. 하지만 3교시까지 무사히 보낸다면 모든 수업이 끝난다. 이후 다음 날의 수업을 준비하거나 부서 업무를 할 시간을 확보할 수 있다. 물론 동아리 지도교사를 맡고 있어 5교시부터 동아리 시간에 참여하지만, 걱정했던 것과 다르게 동아리 부장인 2학년 학생이 매시간 나름의 활동을 준비해 동아리를 체계적으로 운영하고 있는 것 같아 그 시간에 내가 직접 아이들을 지도하려고 하지는 않는다.

동아리 시간까지 끝나면 어느덧 7교시가 되는데, 학생들은 이날 동아리 활동을 마치고 일찍 귀가한다. 따라서 교사만 남아 있는 수요일 7교시는 주로 연수, 전문적학습공동체의 날, 교과협의회 등으로 진행된다. 그렇지만 이번 주 수요일에는 공식적인 일정이 없어 자율적인 시간으로 이루어졌다. 이 시간을 이용해서 뜻이 맞는 선생님들끼리 친목 도모를 위해 배드민턴을 치게 되었다. 평소 운동을 좋아하기도 하고 다른 선생님들과 조금 더 가까워지고 싶어 참여하게 되었다. 특히 같이 참여하신 분들은 대부분 담임을 맡고 계시다 보니 학년 교무실에 계시는 분들이어서, 이번 기회로 같이 땀을 흘리면서 더욱 친밀해질 수 있는 기회가 되었다.

당진고등학교에 온 뒤, 오랜만에 업무와 수업 준비 부담을 내려놓고 취미 활동을 했다. 모든 선생님들이 배드민턴에 몰두해서, 퇴근 시간이 지났음에도 시간 가는 줄 모르고 한 시간 정도가 더 지나서야 귀가했다. 작년에 시험공부를 핑계로 운동을 거의 하지 않았더니, 장시간 운동을 한 것이 아님에도 집에 들어갔을 때는 다리가 다 풀려서 들어갔다. 온몸이 뻐근하고 피곤했지만, 내가 좋아하는 것을 하면서 '당진고등학교'라는 곳에 점점 섞여가고 있는 것 같아 뿌듯하다.

🧑 내가 시험감독이라니

학생들에게 있어 중요한 일정 중 하나인 3월 전국 연합 학력평가(이하 모의평가) 날이었다. 그래서 평소에 일과가 끝날 때까지 수업했던 것과 다르게, '시험감독'이라는 지위에서 특별한 하루를 보냈다. 지금까지 나는 모든 시험을 수험생의 입장에서만 경험해 보았다. 그동안 나를 옥죄던 것을 교탁 앞 시험감독의 입장에서 마주하니 오묘했다. 그도 잠시, 장시간 진행되는 모의평가 특성상 한 교실에 계속 머물러있는 것이 아니라 시험이 진행되고 있는 와중에도 여러 반을 돌아다니면서 감독해야 했기에 시간표를 잘 숙지해야 했다. 예비령이 울린 후에는 시험시간에 돌입하기 전에 얼른 학생들에게 시험지와 답안지를 나눠주어야 했고, 시험감독 도장을 찍으러 다닐 때는 혹여나 학생들의 집중을 방해할까 주의해야 했다. 가뜩이나 걱정이 많은 성격이라 더욱 신경 쓸 것이 많았다.

신규교사이기 때문에 가지는 지극히 개인적인 고충과 별개로, 앞에서 학생들이 적막 속에서 문제를 풀고 있는 모습이 대견스럽기도 하고 한편으로는 안타까웠다. 특히 시험 종료령이 울릴 시간이 다가와 급하게 OMR 답안지에 까맣게 색칠하고 있는 학생을 볼 때면, 내 속도 마찬가지로 새까맣게 타들어 갔다. 내색할 수는 없지만 나도 학생의 마음으로 들어가 시험 종료령이 조금 늦게 울리기를 바라고 있었다.

교탁 앞 학생의 입장에서 시험을 본 것은 10년 가까이 되어간다. 그렇지만 학창 시절 그 힘듦은 아직 생생하게 느껴진다. 가끔 깊게 잠들지 못할 때면, 종종 고등학교 교실을 배경으로 시험을 치르고 있는 꿈을 꾼다. 아마도 그 짧지만 강렬했던 입시 스트레스가 무의식 속에 자리를 잡은 모양이다. 학생들에게 있어 무척 고통스러울 순간일 것이다. 어떻게 해야 이 학생들의 노력과 힘듦이 헛되지 않도록 할 수 있을까? 복도에 지나다니면 학생들이 이유 없이 웃고 있을 때가 있다. 그 장면이 참 예쁘다. 이러한 과정에서도 학생 나름대로 성장하고 '행복'이라는 것을 조금이나마 얻을 수 있다면 본인은 물론이고, 앞으로 이 과정을 지켜보겠다는 다짐으로 교직에 발을 들인 나에게도 최고의 선물이 되지 않을까 싶다.

♡ ○ ▽   🔖

교사 임계은

\# 학교에서 지내는 마음가짐 \# 학생 주도적 활동, 동아리
\# 10년간 운영된 회의란? 충남 혁신고등학교 협의체
\# 아침마다 울리는 인사말 "사랑합니다"

학교에서 지내는 마음가짐

어느 선생님과의 대화 중 기억에 남는 말이 있다.

"그래도 저는 전체 그림을 보려고 노력해요. 그래서 제게 조금 손해가 되더라도 전체로 봤을 때 그것이 옳다고 생각하면 양보하려고 해요. 그런데 조금 욕심부리는 모습으로 비친 것 같아 그날 많은 생각이 들었어요."

이 말은 업무조정회의 때 있었던 일에 대한 회상이다. 2월이 되면 학교에서는 발령이 나고 한 해 동안 맡을 업무에 대해 논의하는 회의가 열린다. 그날은 1년 동안 어떤 사람과 일을 하게 될지, 무슨 일을 맡게 될지를 결정하는 중요한 날이다. 의미 있는 한 해를 보내고 싶은 마음, 자신

의 적성에 맞는 업무를 하고 싶은 마음, 이전 연도에 함께했던 동료와 함께하고 싶은 마음 등 다양한 생각이 교차하는 순간이다. 인사가 만사라는 말이 있듯, 어느 곳에서 무엇을 하는지는 정말 중요한 일이다.

혁신학교의 가장 첫 번째로 꼽히는 것은 민주적 협의 문화이다. 이를 위해 해야 할 일들이 많다. 교직원 회의 때 의견을 나눌 수 있는 분위기를 만드는 것이 그 첫 번째 과제가 될 것이다. 사람 사이의 관계는 미묘하게 작용하며, 자주 만나 이야기를 나눈 사람들 사이에는 자연스럽게 친근감이 생기고, 함께 일하고 싶은 마음이 커진다. 의견이 있으면 자유롭게 나눌 수 있는 문화가 조성되어야 하는 것은 큰 과제이지만, 그 전에 학교 일에 대한 관심이 필요하다. 처음에는 관심을 갖고 여러 의견을 제시하더라도, 한두 번 의견이 무시된다고 느끼면 아예 참여하지 않게 되는 경우도 많다.

이전의 학교에서는 위계가 있어 교직원 회의에서 의견을 말할 수 있는 분위기가 아니었다. 그러나 우리 학교는 다양한 의견을 제시할 수 있는 문화를 만드는 것을 목표로 하여 민주적 협의 문화 조성을 위해 노력해 왔다. 분명 10년간의 변화가 있었고, 목표가 있는 사업은 짧은 시간 안에서는 미미한 변화로 느껴질 수도 있다. 하지만 큰 흐름으로 보면 눈에 보이는 변화가 있었으며, 목표를 향한 변화 속에서 수많은 일들이 생겨났음을 느낀다. 이러한 변화는 학교 공동체의 성장을 위한 중요한 기반이 되고 있다.

2015년부터 2022년까지 1기와 2기 당진고등학교의 「혁신문화 조성에 관한 보고서」를 보면 화목한 분위기를 조성하는 마니또와 친목회, 문화

선물 콘서트, 미니 이벤트 등 다양한 프로그램을 계획하였고 업무를 최적화하기 위해 노력한 흔적들이 보인다. 이전의 근무와 비교했을 때 시대가 변했고 학교도 물론 변화하였다. 현재도 변화를 위한 노력을 하고 있다. 농담조로 얘기했지만 진심이 담긴 한 선생님의 말도 기억이 난다.

"전 우리 학교에 주인의식을 가지고 있어요. 어제도 학교를 둘러보며 공사하는 분들께 인사도 하고 왔습니다."

"정말요? 왜요?"

"그런 마음이 조금이라도 없으면 학교 일을 하기 어렵더라고요. 여기가 '내 곳이다.', '내 거다.' 그런 마음이 있어야 정도 가고 진심이 섞인 일들을 할 수 있어요. 안 그러면 아무것도 아닌 것 같아요."

학교에 대한 관심을 갖는 마음 자세가 뚜렷하게 느껴졌다. 우리가 머무는 공간과 그 안에서 수행하는 일에 대해 주인의식을 가지는 것은 주체성을 갖는 것과 크게 연결되어 있다. '자주'라는 말은 자기 자신이 주인이라는 의미를 내포하고 있으며, 이는 우리가 스스로의 삶을 책임지고 주도적으로 살아간다는 것을 뜻한다.

교사라는 직업에 임할 때, 누군가의 지시로 일을 수행하는 것이 아니라 자신이 스스로 선택하고 책임지는 '주인'으로서의 자세를 갖는 것은 매우 중요한 지점이다. 교육 현장에서 교사는 단순한 지식 전달자가 아니라, 학생들의 삶과 미래에 영향을 미치는 중요한 역할을 맡고 있다. 이런 역할을 수행하기 위해서는 자신의 전문성과 열정을 바탕으로 스스로의 길을 개척해야 한다.

사람은 본질적으로 스스로 주체가 되는 것을 선호하며, 억압받거나 강제로 해야 하는 일을 즐기는 사람은 없다. 주인의식을 가진 교사는 학생들에게도 긍정적인 영향을 미칠 수 있다. 그들은 학생들에게 자율성과 책임감을 심어주고, 스스로의 선택에 대해 고민하고 결정할 수 있는 기회를 제공한다. 이러한 과정은 학생들이 자신의 정체성을 발견하고, 성장하는 데 큰 도움이 된다. 학교와 교실은 단순한 교육의 장을 넘어, 학생들이 자신의 꿈과 목표를 향해 나아갈 수 있는 기회의 공간이 되어야 한다. 교사가 주인으로서의 마음가짐을 가지면, 학생들도 자연스럽게 자신이 주인인 삶을 살아가도록 이끌 수 있다. 이런 주체적인 태도는 교육의 본질을 더욱 풍부하게 만들어주며, 학교가 나아가야 할 방향을 제시하는 중요한 요소가 될 것이다.

🖼 학생 주도적 활동, 동아리

날이 따뜻해지고 햇살이 좋은 아침이다. 교무실 앞 창밖을 바라보니 튤립 꽃봉오리가 살짝 고개를 내밀고 있다. 꽃잎이 오므려져 아직 움츠린 모습이 참 귀엽게 보인다. 꽃잎이 하나하나 펼쳐지지 않은 상태의 봉오리는 튤립의 매력을 잘 보여준다. 모여 있는 꽃잎들이 단아함을 드러내며 튤립만의 고유한 특성을 나타낸다. 색상은 얼마나 다양한지, 흰색, 노란색, 빨간색 등 여러 색이 어우러져 조화롭고 아름답다. 학기 초에 학생들이 와서 이야기했던 말이 떠오른다.

"선생님 제가 올해 ○○동아리를 운영하려고 하는데요, 담당 선생님을 부
탁드리려고 합니다"
"그래? 어떤 계획으로 운영하려고?"
"올해 이런 계획을 갖고 있습니다…."

동아리 구성에 대한 이야기가 오갔다. 우리 학교의 동아리 활동은 학
생 주도성이 강하게 나타난다. 이로 인해 교사의 주도하에 진행되는 활
동에 비해 구성이나 실행 과정에서 다소 어설픔이 생길 수 있다. 처음 해
보는 일은 숙련된 사람과는 다른 어려움을 동반하기 마련이다. 나 역시
처음 경험하는 상황에서는 숙련된 사람들과 다른 시각에서 접근하게 되
고, 모르는 것이 많아 다양한 생각과 걱정이 떠오르며 여러 시도를 하게
된다. 그래서인지 머릿속에서는 생각이 끊임없이 맴도는 경우가 많다.
남들은 이를 "사서 고민한다."고 말하지만, 이렇게 태어난 나로서는 어쩔
수 없는 일이다.
과거에는 나와 다른 사람들의 장점이 너무나 크게 보였고, 그 모습대
로 살아보려는 시도와 함께 부러움도 컸다. 그 결과, 나 자신을 인정하지
못하고 스스로를 낮추어 생각하며 괴로움에 빠지기도 했다. 그러나 그
런 시간이 지나고 나서 이제는 스스로를 받아들이게 되었다. 그렇다고
해서 타인의 장점이 더 이상 부럽지 않은 것은 아니다. 그 마음은 이제
상대를 존중하는 시선으로 변화했다. 타인의 장점을 바라보는 시각이

더 긍정적으로 바뀌었다는 것이며, 이제는 그들의 장점을 인정하며 나 자신도 그들과 다른 고유한 가치가 있음을 깨닫게 된다.

당진고등학교의 30여 개 동아리는 각기 다른 개성을 지닌 소중한 활동이다. 이 동아리들은 학생들이 자신의 흥미와 열정을 바탕으로 모여 활동하는 곳으로, 그 안에서 펼쳐지는 시행착오와 좌충우돌의 모습이 때로는 어설프지만, 그 과정 자체가 매우 아름답다. 마치 봄날에 꽃을 피워내는 튤립의 수줍은 모습처럼, 작지만 빛나는 활동들이 학생들의 일상에서 이루어지고 있다.

동아리 활동은 단순히 결과물로 평가받는 것이 아니라, 그 과정에서 학생들의 고민과 생각이 발현되는 중요한 장이다. 각 동아리는 자신만의 독특한 목표와 비전을 가지고 있으며, 그 목표를 향해 나아가는 과정에서 많은 이야기가 쏟아져 나온다.

당진고등학교의 동아리들은 그 자체로 학교의 특색을 이루고 있으며, 각 동아리에서 나오는 수많은 이야기는 학교생활을 더욱 풍성하게 만든다. 학생들의 동아리 활동은 친구들과의 유대감을 깊이 할 뿐만 아니라, 자신의 정체성을 찾아가는 과정에서도 중요한 역할을 한다. 학생들이 단순히 지식을 쌓는 것을 넘어, 자신의 꿈과 목표를 발견하고, 이를 이루기 위해 노력하는 과정에서 겪는 다양한 경험을 통해 진정한 성장을 이루는 공간이라고 할 수 있다. 이처럼 동아리는 학생들에게 있어 중요한 배움의 장이며, 그 과정에서 쌓인 경험과 지혜는 앞으로의 삶에 큰 자산이 될 것이다.

🖋 10년간 운영된 회의란? 충남 혁신고등학교협의체

충남 혁신고등학교협의체를 위해 대흥고등학교를 방문했다. 이 모임은 혁신학교가 처음 도입된 2015년부터 지속적으로 운영되어 왔다고 한다. 이렇게 오랜 시간 동안 담당자들이 모임을 가져온 사실이 참으로 신기하게 느껴졌다. 10개의 혁신고등학교 담당자들이 한자리에 모여 각 학교의 현황을 공유하고, 혁신학교 업무에 대한 질문과 대화를 통해 서로의 궁금증을 해소하는 자리였다. 이 모임은 혁신학교의 업무를 담당하면서 필요한 사항들을 전달받는 기회이기도 하며, 혁신학교에 대한 이해를 깊게 할 수 있는 소중한 시간이었다.

오랜 시간 동안 지속된 모임에는 그만한 이유가 있을 것이다. 많은 사람들이 함께 모여 서로의 경험과 지식을 나누는 것은 단순한 정보 교환을 넘어, 서로의 생각과 가치를 이해하는 중요한 과정이기 때문이다. 처음 만남의 순간은 어색함이 가득했지만, 오늘은 특히 당진고등학교에 새로 발령받은 혁신학교 기획담당 선생님과 함께하게 되어 더욱 특별한 의미가 있었다. 새로운 사람과의 만남은 항상 긴장감과 기대가 공존하는 순간이며, 그런 만남이 주는 감정은 언제나 특별하다.

새로운 사람을 만날 때 첫인상이 얼마나 중요한지는 누구나 잘 알고 있다. 첫인상은 그 사람의 옷차림, 외모, 표정, 태도, 그리고 말의 억양과 목소리 등 여러 요소에 의해 형성된다. 하지만 시간이 흐르면서 사람에 대한 인식은 자연스럽게 변화하기 마련이다. 처음의 순간만으로 한 사람을 완전히 판단하기란 어렵고, 그 사람의 진정한 모습은 더 깊은 대화와 경험을 통해서야 드러나게 된다. 우리는 종종 첫인상으로 상대방을 평가하지만, 이는 그 사람의 전체적인 모습을 놓치게 만들 수 있다. 사람은 복잡하고 다면적인 존재이기 때문에, 겉으로 드러나는 모습만으로는 그들의 진정한 가치를 알기 어렵다. 그렇기에 시간이 지나면서 서로에 대한 이해가 깊어지고, 첫인상에서 느꼈던 어색함은 점차 사라진다. 서로의 이야기를 나누고, 경험을 공유하면서 우리는 상대방의 배경과 생각을 이해하게 되고, 그 과정에서 새로운 관계가 형성된다. 이렇게 쌓인 신뢰와 친밀감은 이후의 만남을 더욱 의미 있게 만들어준다. 처음의 어색함은 시간이 지남에 따라 서로의 공감과 이해로 바뀌면서, 그 모임은 단순한 정보 교환의 장을 넘어, 함께 성장하고 발전하는 공동체로 자리 잡게 된다.

혁신고등학교협의체에서는 전문적학습공동체의 운영에 대한 경험을 나누고, 교사들이 어려워하는 학교 예산에 대한 정보도 교환했다. 이러한 만남은 나에게도 새로운 시각을 제공했지만, 다른 참석자들이 어떤 생각을 가지고 있었는지 궁금해졌다. 모임이 반복될수록 서로를 조금씩 알아가게 되고, 그러면서 어색함은 사라지고 각자의 개성이 드러날 것이다. 결국 이 과정은 혁신고등학교 각각의 특성을 부각시키고, 각 학교만의 독특한 문화를 드러내는 좋은 기회가 될 것이다.

혁신학교란 바로 각 학교의 개성을 드러내는 중요한 장이기도 하다. 모든 학교가 동일한 시스템 아래에 있다는 것은 현실적으로 모순이며, 이는 교육의 다양성과 창의성을 저해하는 요인이 될 수 있다. 각 학교는 고유한 역사와 문화, 그리고 주변 환경을 가지고 있으며, 이러한 요소들은 학교의 운영 방식과 교육 철학에 큰 영향을 미친다. 따라서 다양한 개성을 가진 학교들이 서로 공존하며 각자의 문제와 어려움을 해결하기 위해 노력하는 것이 무엇보다 중요하다고 생각한다.

학교마다 주변 환경과 학생들의 특성이 다르기 때문에, 한 학교에서 성공적으로 이루어지는 활동이 다른 학교에서도 똑같이 성공할 것이라는 보장은 없다. 예를 들어, 한 학교에서 잘 운영되는 특정 프로그램이나 프로젝트가 다른 학교에서는 문화적 차이나 자원의 부족으로 인해 실패할 수 있다. 그러므로 각 학교는 자신만의 필요와 상황에 맞는 혁신적인 접근 방식을 개발해야 한다. 어떤 일이 잘 이루어지기 위해서는 다양한 외부 요인과 내부적인 힘이 조화를 이루어야 한다. 특히 내부의 힘, 즉 구성원들의 마음가짐과 열정이 혁신의 움직임을 이끌어내는 데 가장 큰 역할을 한다는 점을 깊이 깨달았다.

🧑 아침마다 울리는 인사말 "사랑합니다~"

혁신학교 초창기에 학생들의 인사말로 '사랑합니다'를 만들었다고 한다. 아침에 출근할 때 현관 앞에서 학생들이 "사랑합니다~"를 외친다. 처음 보았을 땐 이 광경이 당황스럽기도 했다. '학생들이 자발적으로 하는 걸까?'란 의문도 들었다. 1년을 돌아봤을 때, 그리고 현재 학생들을 생각해 보면 자신이 원하지 않는 일을 하는 것은 말이 안 되는 일이다.

혁신학교의 많은 일들은 구성원의 동기를 유발해야 하는 일이다. 외적 보상이나 어떤 식으로든 꼭 해야 하는 일이 아니라면, 특히나 자발성을 필요로 하는 일이라면 무척 어렵다. 각자의 개성이 존중되는 현실이고 삶은 누구나 자신이 원하는 일을 할 수 있을 때 행복감을 느낀다. 아침에 울려 퍼지는 "사랑합니다~"는 자발적인 학생들의 목소리다. 그 인사말이 주는 힘이 있다. 적막함이 흐르는 공간에 출근을 하는 것보다는 "사랑합니다~"라는 외침이 공간을 채워놓은 곳에 출근하는 것은 참으로 기쁘다. 출근하고 사람들을 만나는 것은 작더라도 용기가 필요하다. 그런데 상대가 웃으며 맞이한다면 그 마음이 가벼워지며 학교에서의 하루를 가뿐하게 하는 상태를 만들어주기 때문이다.

　나는 월요병이 심하다. 이유는 잘 모르겠다. 누군가 부담스럽게 만드는 일은 딱히 없는 것 같은데도 일요일 밤이 되면 월요일 일과를 떠올리며 쉽게 잠들지 못한다. 아침이면 무거워진 머리와 피곤한 몸을 이끌고 출근한다. 그래도 긴장하고 있어 졸리거나 하진 않는다. 월요일 일과를 끝내고 나면 집에 가서 피곤해진 몸을 침대에 눕히고 잠을 청한다. 그게 반복되는 일주일 시작이다.

　월요일 아침, 오전 8시에 출근하면 등교맞이 담당 학생들은 맞이 준비를 시작한다. 그 모습에서 귀찮음이 아닌 활력이 보이고, 학생들의 하나하나가 빛나 보였다. 그리고 학생들의 "사랑합니다~"란 인사를 마음으로 받아들였다. 참으로 소중한 순간이다. 인사말 하나가 주는 힘은 아침을 시작하는 나에게 단비와 같이 다가와 평온하고 기쁘게 맺혔다. 학생들에게 인사를 하며 속으로 말한다.

'고맙습니다.'

시간이 흐른 어느 날, 어떤 한 선생님이 학생들의 '사랑합니다'란 인사에 대해 억지로 하는 것 같다는 말씀을 했다. 왠지 벌세우는 느낌이라는 이야기였다. 나도 과거에 그런 생각을 가졌으나, 어느 순간 '사랑합니다'의 인사말이 도움이 된 순간이 있었음에 단정 짓기 어려웠다. 인사를 하는 학생의 이야기가 듣고 싶었다. 어떤 마음으로 하고 있는지. 그러나 그 마음을 나에게 솔직하게 이야기해 줄지는 모르겠다. 어떤 마음일까?

어색하고 하기 싫은데 의무라는 이유로, 억지로 하고 있는 건 아닐지 모르겠다. 만약에 그렇다면 개선하는 것이 좋다고 생각했다. 과거 어느 날 나에게 힘을 줬던 그 인사말은 시간의 흔적 속에서 사라질 수도 있다. 세상 모든 것은 변하지 않는 것이 없다. 그 결정의 가장 중요한 지점은 학생들 스스로 하는 결정일 것이다. 논의한 끝에 현재대로 유지하는 것이 좋을거라 생각한다면 그 인사를 하는 학생들은 누군가의 결정에 의한 것이 아닌, 자신의 의지로 하는 것이기 때문에 다른 분위기가 날 것이다. 어색하고 하기 싫은 일이더라도 자신이 납득할 만한 이유가 있거나 해야 할 이유가 분명하다면, 그것은 스스로 주인으로 행할 수 있는 활동이기에 찬성할 만하다. 그 반대라면 이유를 스스로 찾아야 한다. 모든 일에 분명한 점은 스스로 자발성을 갖고 행하느냐 아니냐에 있다.

3학년 김현한 학생

학생회 '다모임'이란? # 다모임

학생회 '다모임'이란?

'다모임'은 우리 학교에서 학생회와 교장 선생님, 그리고 교직원들이 모여 학교의 여러 가지 사안에 대해 논의하는 회의이다. 이 회의는 학생들의 의견을 수렴하고, 학교 운영에 대한 피드백을 제공하는 중요한 자리로, 학생들이 학교생활에 적극적으로 참여할 수 있는 기회를 제공한다.

다모임은 보통 정기적으로 개최되며, 학생회는 학생들의 목소리를 대변하여 다양한 주제를 제안한다. 예를 들어, 학교 행사, 교육과정, 학생 복지, 그리고 학교 환경 개선 등에 대한 논의가 이루어진다. 교장 선생님과 교직원들은 이러한 의견을 듣고, 실현 가능한 방안에 대해 함께 고민한다.

이 회의는 학생들에게 자신의 의견을 표현할 수 있는 기회를 제공하고, 교장 선생님과 교직원들에게는 학생들의 요구와 필요를 이해하는 데 도움을 준다. 또한, 다모임을 통해 학생과 교직원 간의 소통이 원활해지고, 학교 공동체의 결속력이 강화되는 효과도 있다.

결론적으로, 다모임은 학생들이 학교 운영에 참여하고 의견을 나누는 중요한 플랫폼으로, 학교의 발전에 기여하는 의미 있는 활동이다.

🧑 다모임

4월 3일 학생회 활동의 일부로, 교장 선생님과의 올해 첫 다모임이 있었다. 인턴들은 학생회에서의 첫 다모임인지라 어땠을지 모르겠지만, 스스로가 나름 대견한 일이었다. 선생님이나 부모님 이야기를 들어보면 옛날에는 교장 선생님과 소통한다는 것이 굉장히 흔치 않은 기회일뿐더러 그럴 이유도 딱히 없었을 것이다. 옛날과 달리 학생과 교장이 서로 이야기를 나누며 교육활동에 함께 관심을 갖는다는 것 자체가 신기하고, 이것이 혁신학교가 가지는 장점이라고도 생각을 한다.

하지만, '아동생활지도'라는 공동교육과정 수업에서 배운 내용에 따르면 교육공동체는 학생, 교사, 학부모가 하나를 이루어야 하는데 '학생과 교사'가 아닌 '학생회와 교장', '학부모와의 자리'는 '혁신학교여서 만든 형식적인 자리'라는 느낌이 일부 들기도 한다. 더욱이 1학년 때부터 학생회 임원으로 활동하며 '학부모와의 다모임'이나 학생, 교사, 학부모가 한자리에 모인 시간은 없었던 것 같다.

이번 다모임에는 학생인권부 담당 선생님들이 같이 참여했다. 총 네 명의 교사가 함께해서일까? 다소 딱딱한 분위기로 다모임이 시작됐다. "차렷, 교장 선생님께 인사. 사랑합니다!" 당진고등학교 학생이라면 한 번쯤은 들어봤을 인사법 '사랑합니다'와 함께 다모임을 시작했다. 사실 이 인사는 우리 학교가 혁신학교로 지정된 후, 이전 학생회가 진행한 '사 랑합니다 인사 캠페인'에서 시작되어 지금까지 문화로 굳어진 것이다. 이것만 보더라도 그동안 학생회가 해왔던 노력이 보이는 것 같다.

부서별로 제출한 사업계획서를 바탕으로 각 부장들이 계획한 사업 소 개 시간을 가졌다. 사업 소개는 자유롭게 이뤄졌지만, 정해진 형식이 없 어서 부장들이 더 애를 먹었던 것 같다. 교장 선생님은 부장들의 사업 소 개 내용을 들으며 이에 대한 피드백과 함께 수정·권고 사항, 사업 추진 시 준수 사항 등을 학생회 임원들에게 알려주셨다.

여전히 무거운 분위기 속에 이뤄지던 다모임에서 웃음을 자아낸 학생 회 부회장의 질문이 있었다. 사업 소개 후 학생회 임원과 교장 선생님 간 의 질의응답 시간이 있었는데 3학년의 졸업여행 추진에 대한 질문이 나 왔다.

"현 2학년은 수학여행을 제주도로 가는데, 현 3학년은 2학년 때 흔하디흔 한 서울로 수학여행을 가고, 졸업여행도 못 가나요? 코로나 시기를 겪어 비행기 한 번 타보지 못한 학생들을 위해서라도 졸업여행을 갈 수는 없을 까요?"

질문이 나오자 무거웠던 분위기가 임원들의 웃음으로 조금이나마 채워졌다. 하지만 교장 선생님의 표정은 달랐다. 교장 선생님은 "현재 예산이 줄어들어 가정에서 부담해야 할 비용이 증가할 것으로 예상한다."며 "졸업여행 참여 수요가 저조할 것 같아 추진이 힘들다."라고 의견을 말씀하셨다. 3학년 학생회 임원들은 조금 아쉬워하는 표정이었다. 나 또한 성인이 되기 전 마지막으로 추억을 쌓을 수 있는 기회가 없어진 것 같아 좋지만은 않았다.

그렇게 많은 질의응답이 오가며 15시 30분부터 시작됐던 다모임이 끝나니 어느새 17시였다. 서로 수고했다는 인사와 함께 작별 인사를 하려던 찰나 홍보부장이 임원들을 멈춰 세웠다. 오늘 홍보부에서 다모임이 끝난 후 학생회 임원들과 함께 '무단외출 금지 캠페인'을 하기로 했기 때문이다. 최근 유행하는 '〈날 바라바라봐〉 댄스 챌린지'를 조금 변형하여 무단외출을 하지 말자는 취지였다. 학생회 임원 중 일부 임원들과 방송부가 함께 끝없는 NG 끝에 최종 영상 촬영을 마치고 모두에게 수고했다는 인사와 함께 작별 인사를 했다. 내가 춘 춤 영상이 SNS 계정에 올라간다니, 나에게는 흥미롭고 즐거운 일이었다. 아래는 진행한 다모임 회의록이다.

<2024.04.07. 학생회 - 교장 다모임록>

- 내진 공사: 공사로 인하여 막대한 피해가 생기고 있음. 공사에 대한 조치는 민원이 들어올 시 항상 진행 중.
- 큰 공사는 4월 15일, 마무리는 6월 초까지 진행 예정. 당진고등학교 학생들의 이해가 필요함.
- 부서별 사업 계획 관련된 사항은 사업계획서를 참고 부탁드립니다!
- 화장실 문제: 화장실에 화장지 낭비 문제가 정말 심각함. 화장실에 휴지가 무분별하게 있는 경우가 많기에 해결해야 할 필요성이 있음.
- 건의 사항: 6가지의 건의 사항.
  1. 3학년 층 악취로 인한 방향제 설치 의견
  2. 비누를 대체할 손 세정제 비치 의견
  3. 복도에 불이 꺼져있어 야자 시간에 위험한 상황이 발생한다는 의견.
  4. 비상등에 거미줄이 많아 건물 외관이 보기가 안 좋으며, 불편한 책걸상 교체 의견
  5. 본동 3층 고장 난 화장실 문고리 의견
  6. 모의고사 날 오류인 스피커 교체 의견 → 스피커의 문제는 공사 때문에 생긴 문제. 그 외 불편 사항이 있다면 즉각 담임선생님 부장선생님에게 전달하기. 전달하면 행정실에서 해결해 주실 것. 허나 해결되지 않는다면 교장 선생님, 교감 선생님에게 의견을 전달하기.
- 25대 학생회 잔여 공약 의견 전달 및 건의 사항: 여자 화장실 생리대 배치, 학생용 프린터기 시행 예정 → 프린터기 사업 시 금액을 받는 형식을 추천해 주셨음.
- 기타 안건:
  - 자율학습 공간을 만들자는 의견 → 조회 시간 전, 점심시간에 멀티미디어실을 개방하여 사용 → 추진.

- 3학년 졸업여행 → 예산 문제로 인해 불가능하다는 의견.
- 점심시간 무단외출 → 학생인권부장 선생님께 즉시 말하기.
- 축제 의견: 외부 조명 업체로 인한 부정적 의견 → 조명 설치 의견 → 업체 선정 시 학생들의 만족도를 올릴 수 있게 진행 → 댄스동아리에게 조명에 대한 의견 전달받기.
- 수위 선생님: 충분한 충고뿐만 아닌 도를 넘은 언행을 하심 → 행정실 선생님께 의견 전달.
- 교장 선생님 추가 말씀 사항: 다른 활동을 할 수 있게끔 예지관이 변화됨. 힘든 일이 있을 때는 즉각 선생님께 의견 전달.

<학생회 서기부 제공>

🙂 우당탕탕 다모임

'다모임'은 두세 번 해본 것 같은데도 여전히 교장 선생님 앞에서는 긴장이 된다. 사업계획서를 발표하는 것은 아니지만, 집중하게 된다. 교장 선생님께서 내진 공사에 대해 처음 언급하셨고, 공사가 늦어진다면 6월까지 연장될 수 있다고 하셨다. 방학 안에 공사가 끝날 것이라고 기대하지는 않지만, 생각보다 늦게 끝날 수 있다는 이야기를 듣고 놀랐다.

부서별 사업계획서 발표 후, 대의원회 회의에서 나온 의견들을 공유했다. 본동 화장실의 문제는 확실히 많은데, 후동에 비해 본동의 화장실이 부족하다는 점은 모두가 공감하는 부분이다. 층마다 있는 화장실 칸수가 적어 내년에는 후동을 부수기보다는 본동을 먼저 개선하는 것이 필요하다고 생각된다. 대의원회 회의에서 논의된 사항들을 모두 전달한 후, 교장 선생님께서 "그런 이야기를 왜 한 달에 한 번 열까 말까 한 다모임에서 하느냐."고 말씀하셨다. 자잘한 문제들은 담임선생님이나 행정실, 또는 교장 선생님께 직접 이야기하라는 조언을 주셨는데, 이 순간 교장 선생님이 정말 좋은 분이라는 생각이 들었다.

그 후 교장 선생님께서 본동 2층 화장실에서 무분별하게 휴지를 사용하는 학생들로 인해 변기가 막히고, 변기 주변에 휴지가 흩어져 있다는 이야기를 하셨다. 해결 방법이 당장 생각이 나질 않았지만, 이 문제에 대한 대처 방안이 무엇인지에 대한 고민이 필요하다는 생각이 들었다. 또 다른 안건으로 자습 공간을 만들어 달라는 의견도 있었다. 이는 매우 긍정적인 제안이라고 생각한다. 점심시간이나 아침에 남는 시간 동안 반 친구를 데려오는 경우가 많아 층 전체가 시끄럽기 때문에 자습 공간이 있으면 좋은 해결책이 될 것 같다.

대의원회나 다모임이 더 자주 열렸으면 좋겠다. 이는 우리가 논의해야 할 이야기가 많다는 것을 의미하며, 이러한 회의들이 필요한 의견을 정리하고 학생들의 목소리를 전달하는 좋은 기회가 될 것이다.

2학년 김한결 학생

학생회 활동 인턴 면접이란? # 학생회 인턴 면접

⋮

🙂 학생회 활동 인턴 면접이란?

당진고등학교 학생회 인턴 면접은 학생회에 참여하고 싶어 하는 학생들을 대상으로 진행한다. 이 면접은 학생회에서의 역할을 이해하고, 지원자의 열정과 능력을 평가하는 중요한 과정이다. 학생회 활동에 관심이 있는 친구들은 이 기회를 통해 자신의 의견을 표현하고, 학교생활에 기여할 수 있는 기회를 갖게 된다.

면접 준비

면접을 준비할 때는 먼저 지원 동기를 명확히 해야 한다. 학생회에 지원하게 된 이유와 본인이 기여할 수 있는 점을 잘 정리해 두는 게 중요하다. 자신의 경험이나 관심사를 바탕으로 구체적인 사례를 들어 설명하는 것이 좋다. 또한, 학생회의 역할에 대한 충분한 이해가 필요하다. 학생회가 수행하는 다양한 활동과 역할에 대해 미리 조사를 통해 알아두면 좋다. 이렇게 하면 면접 질문에 대한 답변의 깊이를 더할 수 있다. 의사소통 능력도 중요한 요소이다. 면접에서는 자신의 생각을 잘 표현하고, 다른 사람의 의견을 경청하는 능력이 필요하다. 친구들과 함께 모의 면접을 진행하면 연습하는 데 도움이 된다.

면접 진행

면접은 일반적으로 간단한 자기소개로 시작한다. 이때 자신의 이름, 학년, 관심사 등을 간결하게 소개하면 된다. 이후 면접관이 학생회 활동에 관련된 질문을 하게 되며, 예를 들어 "학생회에서 어떤 역할을 맡고 싶나요?" 또는 "어떤 아이디어를 제안하고 싶나요?" 같은 질문이 있을 수 있다. 이러한 질문에 대해 자신의 생각을 논리적으로 정리해서 답변하는 것이 중요하다. 학생회는 협력과 소통이 중요한 조직이기 때문에, 이전에 팀 프로젝트나 동아리 활동에서의 경험을 공유하며 팀워크의 중요성을 강조하는 것도 좋다.

면접 후

면접이 끝나면 자신의 답변을 돌아보며 부족한 점을 분석하는 것이 중요하다. 다음 기회를 위해 개선점을 정리하는 시간을 가지면 좋고, 결과 통보는 학생회에서 정해진 일정에 따라 이루어지므로 기다리면 된다.

당진고등학교 학생회 활동 인턴 면접은 학생들이 리더십을 발휘하고,

학교생활에 긍정적인 변화를 이끌어낼 수 있는 기회를 제공하는 중요한 과정이다. 이 과정을 통해 친구들은 자신의 의견을 나누고, 학교 공동체에 기여할 수 있는 뜻깊은 경험을 하게 된다.

🧑 학생회 인턴 면접

그동안 기대하고 기다리던 학생회 인턴 면접 날이 드디어 찾아왔다. 아침부터 가슴이 두근거리고 설렘이 가득했지만, 최대한 표정을 숨기고 무표정으로 면접자들을 유심히 바라보았다. 면접이 시작되면서 몇몇 1학년 친구들은 긴장감에 울먹이는 모습도 보여서 조금 걱정스러웠다. 준비를 소홀히 한 것 같은 친구들도 보이면서 마음이 편치 않았다. 모두가 이 중요한 순간을 잘 넘기길 바랐다.

면접이 진행되면서 부장 선배들이 인턴 지원자들에게 하나씩 질문할 때마다 그 날카로운 질문들에 감탄을 금치 못했다. 질문들은 모두 우리 학생회 인턴으로 들어오기 위해 꼭 필요한 내용들이었고, 그만큼 지원자들이 진지하게 임해야 한다는 것을 잘 알고 있었다. 하지만 면접 시간이 길어질수록, 면접을 보는 입장에서도, 질문을 하는 입장에서도 점점 힘이 빠지는 것을 느꼈다. 긴장과 집중이 쌓이면서 체력적으로도 정신적으로도 지쳐갔다.

그런 상황 속에서 중간중간 다른 면접자가 들어오기 전까지 서로 에너지바를 나눠 먹었다. 마치 5성급 호텔에서 먹는 고급 음식 같았다. 그

작은 간식 하나로 서로의 기분을 조금이나마 달래줄 수 있었고, 잠시나마 긴장감을 잊을 수 있었다. 힘든 과정이지만, 이렇게 서로를 격려하고 응원하는 모습이 더욱 소중하게 느껴졌다.

마침내 면접이 끝났고 모두가 배고픈 상태였다. 배도 고프고 힘든 하루였지만, 2학년으로서 인턴 면접을 진행해 본 의미 있는 시간이었음을 느끼며, 서로의 경험을 나누고 격려하는 자리가 되었다. 이 특별한 하루가 우리에게 어떤 의미로 남을지 기대가 되었다. 앞으로의 학생회 활동이 더욱 기대되는 순간이었다.

♡ ○ ▽   🔖

2학년 이지향 학생

참여와 협력의 '온새미로' # 온새미로 1학년 면접 선발기
매점 운영의 새로운 출발 # 자판기

참여와 협력의 '온새미로'

　당진고등학교의 학교 협동조합인 '온새미로'는 학생들의 자율적인 참여와 협력을 통해 운영되는 단체이다. 이 협동조합은 학생들이 스스로의 필요와 아이디어를 바탕으로 다양한 활동을 기획하고 실행함으로써, 실생활에서의 경험을 쌓고 사회적 책임감을 기르도록 돕고 있다.

　온새미로의 주요 목표는 학생들에게 경제적 자립심과 협력의 가치를 가르치는 것이다. 이를 위해 학생들은 제품을 판매하거나 다양한 서비스를 제공하며, 수익금으로 학교와 지역사회의 발전에 기여하는 방식으로 운영된다. 이러한 활동은 학생들에게 실질적인 경영 경험을 제공하고, 팀워크와 문제 해결 능력을 배양하는 데 큰 도움이 된다.

　또한, 온새미로는 환경 보호와 지속가능한 발전에 대한 의식을 높이기 위해 다양한 친환경 프로젝트와 캠페인도 진행하고 있다. 학생들은 이러한 활동을 통해 사회적 이슈에 대한 관심을 높이고, 긍정적인 변화를 이끄는 주체로 성장할 수 있다.

당진고등학교의 온새미로는 학생들이 주체적으로 참여하며 성장할 수 있는 중요한 공간으로, 협동과 자기계발의 기회를 제공하는 소중한 자산이라 할 수 있다.

⦿ 온새미로 1학년 면접 선발기

3월 15일, 우리 온새미로 이사진들은 새로운 1학년 부원들을 선발하기 위해 면접을 진행했다. 지난 학기에는 단순히 돈을 내고 신청만 하면 모두를 부원으로 받아주는 방식을 채택했으나, 이로 인해 몇 가지 심각한 문제가 발생했다. 구체적으로는 날달걀을 팔거나 유통기한이 지난 음식을 판매하고, 자판기를 못 고치거나 비밀번호를 까먹는 것, 마감 정리를 제대로 하지 않아 매점 운영에 피해를 주는 등의 일이 있었다. 이에 학생들의 위생과 안전에 심각한 우려가 제기되었다. 이러한 문제를 방지하기 위해, 이번에는 면접을 통해 부원을 신중히 선발하기로 결정했다. 하지만 면접을 준비하고 진행하는 과정에서 많은 어려움이 있었다.

면접 날짜를 정하는 일은 상대적으로 수월했지만, 이후에 발생한 여러 문제는 해결하기 어려운 난관이었다. 특히, 저녁 식사하는 친구들이 있었기 때문에 그들의 식사 시간과 면접 일정이 겹치지 않도록 조정하는 것이 큰 도전이었다. 또한, 면접관과 면접을 받는 학생들의 학원 일정이 겹치지 않도록 고려해야 했다. 이런 일정 조정 외에도 면접 탈락자를 어떻게 처리할지, 몇 명을 탈락시킬지, 그리고 면접 장소를 어디로 할지에 대한 결정이 매우 어려웠다.

면접 당일, 면접관들은 석식을 전혀 먹지 못한 채 7시까지 면접을 진행해야 했다. 면접을 진행하는 장소 결정도 만만치 않았다. 멀티미디어실과 컴퓨터실을 빌려서 면접을 진행하기로 했으나, 이 과정에서 예상치 못한 문제가 발생했다. 수위 선생님께서 갑자기 나타나셔서 왜 자신에게 사전 허가를 받지 않았냐고, 왜 공간을 자신의 허가 없이 사용하냐고 하셨다. 이로 인해 면접이 지연되는 상황이 발생했다.

이런 문제에도 불구하고, 드디어 면접이 시작되었다. 참여하는 학생들 대부분이 처음이라 어색하고 긴장한 모습임에도 열심히 임하려는 의지가 엿보였다. 처음 보는 학생들이었지만 그들의 열정과 진지한 태도는 매우 기특하게 느껴졌다. 물론 일부 학생들은 질문에 대한 답변을 제대로 하지 못하거나 모르는 경우도 있었지만, 늦은 시간까지 면접에 참여해 준 1학년 친구들에게 깊은 감사를 전하고 싶었다.

결과적으로, 총 24명이 합격하였고 앞으로 그들과 함께 1년 동안 좋은 관계를 유지하며, 서로의 경험을 공유하고 협력해 나가기를 기대한다. 이번 면접을 통해 많은 것을 배우게 되었고, 앞으로도 이러한 경험을 바탕으로 더 나은 방식으로 발전해 나가길 바라는 마음이다. 모든 과정이 쉽지 않았지만, 그 과정에서 얻은 교훈과 학생들의 열정은 앞으로의 활동에 큰 도움이 될 것이다.

🐱 매점 운영의 새로운 출발

2024년 3월 27일 수요일, 우리는 1학년 부원들에게 매점 운영 인수인계를 진행했다. 방과 후, 모든 1학년 학생들을 한자리에 모아 그들에게 매점 운영과 관련된 중요한 역할을 설명했다. 인수인계는 매점 운영의 핵심 역할인 재고 관리와 카운터 업무를 중심으로 진행되었으며, 이를 위해 기존 이사진들이 직접 나서서 신중하게 설명했다.

1학년 부원들이 수십 명에 달하기 때문에 인수인계는 여러 그룹으로 나누어 진행했다. 각 그룹은 5~6명씩 나누어져, 이사진들이 팀을 나누어 교대로 역할을 분담하며 진행했다. 이렇게 나눈 이유는 모든 1학년 부원들이 역할을 충분히 이해하고 소화할 수 있도록 하기 위함이었다. 각 팀의 이사진들은 자신들의 경험과 지식을 활용해 재고 관리 방법, 카운터 운영 절차, 고객 응대 요령 등 실질적인 내용을 상세하게 설명했다. 이 과정에서 이사진들은 친절하고 체계적인 교육을 통해 1학년들이 매점 업무를 원활히 이해할 수 있도록 도왔다.

우리 온새미로는 학생들이 중심이 되어 활동하고 사업을 운영하는 독특한 방식을 특징으로 한다. 따라서 선생님들의 직접적인 간섭 없이 학생들이 매점을 자율적으로 운영하는 모델을 채택하고 있다. 이런 방식은 학생들에게 실질적인 경험을 제공하고, 자신감을 심어주는 중요한 기회를 제공한다. 이번 인수인계 과정에서도 우리 2학년들은 매점 운영과 관련된 기업 경영 지식을 1학년들에게 전달하며 그들의 이해를 돕기 위해 노력했다. 이 과정에서 학생들이 매점 운영의 전반적인 흐름을 이해하고, 실제 업무에 적용할 수 있는 능력을 기를 수 있기를 바라는 마음이 컸다.

그러나 이날은 대의원회 회의가 예정되어 있어 일정 조정이 필요했다. 우리는 대의원회 일정과 인수인계 일정을 조화롭게 맞추기 위해 사전 준비와 조정 작업을 세심하게 진행했다. 이런 복잡한 일정 속에서도 인수인계가 원활히 진행될 수 있었던 것은 이사진 모두의 협력과 노력 덕분이었다. 모든 이사진들이 각자의 역할을 충실히 수행하며, 계획대로 인수인계를 진행할 수 있었던 것은 정말 큰 성과였다.

이번 인수인계를 통해 우리는 신입 부원에게 매점 운영의 기본을 확실히 전수하며, 그들이 앞으로 원활하게 매점 활동에 참여할 수 있도록 기초를 다졌다. 앞으로도 1학년들이 매점 운영에 적극적으로 참여하고, 다양한 사업을 진행하면서 즐거운 경험을 쌓을 수 있도록 도와주고 싶다는 욕심이 생겼다. 이번 인수인계는 새로운 부원들과 협력과 소통의 첫걸음을 내딛는 중요한 계기가 되었으며, 앞으로의 매점 활동에 대한 긍정적인 전망과 기대를 갖게 되었다. 1학년 부원들이 자신감과 자율성을 가지고 매점 운영에 임할 수 있도록 계속해서 지원하고, 함께 성장해 나가는 모습을 기대하며, 향후 더욱 발전된 매점 활동을 위한 준비를 계속해 나가겠다.

🌀 자판기

3월 21일, 온새미로 자판기 채우기를 본격적으로 시작했다. 처음에는 자판기 운영에 각자 역할이 나뉘어 있었지만, 정확한 날짜와 팀의 세부적인 조정이 되지 않아 자판기 채우기에 어려움이 있었다. 자판기 물건이 너무 잘 팔려서 하루만 지나도 자판기가 비는 상황이 반복되었고, 이로 인해 주변 친구들 사이에서 불만이 제기되었다. 이 문제를 해결하기 위해 자판기 채우는 팀원들끼리 단체 채팅방을 만들어 상황을 공유하고 논의했다.

처음에는 월요일, 수요일, 금요일로 자판기 채우기를 나누어 진행하려 했다. A팀은 월요일, B팀은 수요일, C팀은 금요일에 자판기를 채우기로 했지만, 자판기의 판매량이 예상보다 많아 하루 만에 물건이 다 떨어지는 문제로 인해 매일 채우기로 변경하였다. 따라서 월요일과 금요일은 A팀이, 화요일과 목요일은 B팀이, 수요일은 C팀이 담당하기로 결정했다. 이 방법으로 몇 주 동안 시도해 보았지만, 팀 간의 일정 조정이 복잡하고 번거로운 점이 많았다. 결국, 일주일 단위로 역할을 나누는 방식으로 변경했다. 즉, 1주는 A팀, 2주는 B팀, 3주는 C팀이 자판기 채우기를 담당하기로 했다.

정한 대로 새로운 방식으로 진행했지만, 예상치 못한 문제들이 발생했다. 가장 큰 문제는 '재고 관리'였다. 자판기는 재고가 있어야만 채울 수 있으며, 재고가 없으면 채울 수 없다. 이사진은 총 11명으로, 역할은 자판기 관리, 재고 주문, 재고 정리로 나뉘어 있었다. 총괄(이사장)은 1명, 자판기관리팀은 5명, 재고 주문팀은 1명, 재고정리팀은 4명으로 나누어졌다. 문제는 재고정리팀에서 어떤 물건이 부족한지 제대로 알려주지 않아 재고 주문이 원활히 이루어지지 않았다는 것이었다. 재고가 제대로 정리되지 않으면 자판기 채우기가 어렵기 때문에 이 문제는 심각했다.

문제를 해결하기 위해 내가 직접 재고를 확인하고 일일이 정리하여 재고 상태를 파악하고 정보를 제공하였다. 이를 통해 이사진들 간의 협업과 성실함의 중요성을 절감하게 되었다. 일을 제대로 수행하지 않는 팀원이 있을 때, 전체 운영에 큰 영향을 미칠 수 있다는 것을 실감했다.

문제 해결을 위해 다시 한번 단체 채팅방을 활용하여 역할을 명확히 나누고, 각 팀원이 맡은 일을 충실히 수행할 것을 강하게 요구하였다. 이러한 경험을 통해, 업무의 원활한 진행을 위해서는 팀원 간의 적극적인 소통과 협력이 필수임을 깨달았다. 앞으로는 이와 같은 문제를 방지하기 위해, 역할 분담과 업무 진행 상황을 보다 세심하게 관리하고, 모든 팀원이 책임감을 가지고 임할 수 있도록 지원할 계획이다.

급식지도 첫 인수인계와 성장하는 나

개학 후 학교에서 한 중요한 활동 중 하나는 '학생회 급식지도'다. 이 활동은 매일 해야 하는 일이다. 학생들로 가득 찬 급식실은 항상 정신이 없다. 하지만 그날은 특히 더 정신이 없었다. 그날은 바로 1학년 학생회 인턴들에게 급식지도를 인수인계하는 날이었기 때문이다. 학생회 부회장으로서 1학년 인턴들에게 급식지도 때 해야 할 역할을 자세히 설명해 주었다. 그리고 인턴 학생과 함께 급식지도를 진행했다.

처음으로 급식지도를 해보는 1학년 인턴 후배가 낯설어하는 모습이 귀여웠고, 그 모습을 보며 작년의 나를 떠올리게 되었다. 정신없고 힘들 기도 했지만, 후배들에게 급식지도를 인수인계할 수 있다는 것이 정말 기뻤다. '나도 누군가를 챙겨줄 수 있을 정도로 성장했구나.'라는 생각이 들었고, 작년에 인턴으로 생활하면서 내가 했던 고민들을 이제는 후배들에게 해결해 줄 수 있다는 기쁜 감정이 밀려왔다.

이번 학생회 인턴 급식지도 인수인계를 계기로 그동안 내가 성장한 부분에 대해 스스로 고민해 보았다. 학생회 인턴 시절에는 자존감이 낮고, 선배들 눈에 띄기 위해 열심히 하려는 절박한 마음뿐이었던 내가, 이제는 학생회 부회장이 되어 급식지도뿐 아니라 언어기술, 인간관계, 태도 등 여러 면에서 성장했다는 결론에 이르렀다. 서툴렀던 '그때의 나'가 학생회를 통해 '지금의 나'로 성장하게 되었다는 사실이 기뻤고, 앞으로도 26대 학생회장단 선거를 바라보며 많은 것을 배우고 싶다는 생각이 들었다. '미래의 나'가 더욱 성장하길 바라면서.

🧑 학생회 다모임

2024년이 시작되며, 교장 선생님과 함께하는 첫 다모임이 성대하게 열렸다. 작년에 다모임을 경험했지만, 이번에는 새로운 마음가짐과 각오로 임했다. 그동안의 경험이 쌓인 만큼, 더욱 적극적으로 참여하고자 했던 것이다.

다모임이 시작되자 각 부서장들이 자신들의 부서별 사업을 차례로 설명하기 시작했다. 그 과정에서 내가 잘 모르던 사업들이 등장하자, 소외된 듯한 기분이 들었다. 부회장이라는 역할이 주는 책임감이 커서, 이런 정보는 반드시 알아야 한다고 느꼈다. 다른 부원들의 반응을 살펴보니, 부장들만이 사업 내용을 충분히 이해하고 있고, 나머지 부원들은 그 내용을 잘 모르고 있는 것 같았다. 물론 부장 선배님들이 바쁘신 것도 이해하지만, 함께 일하는 자리인 만큼 서로의 정보를 공유하고 소통하는 것이 중요하다고 생각했다.

　다모임을 통해 가장 크게 깨달은 것은 학생회 내부 소통의 필요성이었다. 다음 학생회 회의와 사업을 진행할 때는 사전에 모든 학생들에게 공지를 하는 것이 좋겠다는 생각이 들었다. 학생들이 각 사업에 대해 미리 알고 있어야 더 나은 참여와 의견 제시가 가능할 테니까. 사업 설명 외에도, 대의원회 회의에서 나온 다양한 의견들을 교장 선생님께 전달하는 것도 중요하다. 이를 통해 학생회와 교장 선생님 간의 소통을 더욱 강화할 수 있을 것이기 때문이다.

　또한, 교장 선생님과 학생들이 만나는 자리가 더 많이 마련되면 좋겠다는 생각이 들었다. 학생회는 대표들이 모인 자리이지만, 교장 선생님과 일반 학생들이 함께하는 자리가 늘어날수록 학생들이 원하는 것에 대한 이해가 깊어질 것이라고 믿는다. 소통이 활발해질수록 서로의 입장을 이해하고, 더욱 협력할 수 있는 기회가 늘어날 것이다.

　25대 학생회의 가장 큰 장점은 소통이라는 점이다. 겉으로는 소통을 위해 많은 노력을 기울이고 있지만, 실제로 학생회 임원들 간에도, 그리고 일반 학생들 간에도 여전히 소통이 부족한 상황이 아닌가 싶다. '만남이 지속되고 학생들의 목소리가 더욱 커질수록, 학생회뿐만 아니라 다른 학생들도 더 많은 관심을 가질 수 있지 않을까?'라는 생각을 해본다. 이러한 소통이 이루어진다면, 학생회의 역할과 영향력이 더욱 커질 수 있을 것이라는 희망을 품고 있다.

1학년 김찬용 학생

\# 호기심에서 시작한 학생회

⋮

🧑 호기심에서 시작한 학생회

고등학교에 입학했을 때부터 학생회의 일원이 되고 싶었다. 중학교 때는 반장을 줄곧 했었는데, 친구들과 친해지고 선생님들께 사랑받는 게 좋아서 그런 것 같았다. 하지만 반장이 하는 일보다 학생회가 하는 일이 더 재미있어 보였다. 예를 들어, 학교에 축제가 있으면 반장은 반 친구들과 즐기기만 하면 되지만, 학생회는 축제를 기획하고 이끌어간다. 주도적으로 학교 행사를 만들어 갈 수 있다는 점에서 학생회가 반장보다 더 흥미롭다고 생각했다. 그렇게 학생회에서 활동하고 싶다는 마음은 단순히 경험해 보고 싶다는 호기심에서 비롯되었다. 궁금한 것은 끝까지 해 봐야 하는 성격 탓인 것 같다.

학생회가 하는 일은 크게 보면 지도와 부서별 활동이다. 우리 학교 학생회는 8시에 아침 지도를 한다. 일이 단순해 보일 수도 있지만, 평소보다 조금 일찍 일어나는 것을 매주 꾸준히 하는 것은 결코 쉬운 일이 아니다. 아침부터 피켓을 들고 캠페인을 하며 밝게 인사한다. 인사를 받아주는 사람은 거의 없지만, 인사하면서 오늘 하루도 힘내라고 마음속으로 말한다. 그리고 점심에는 급식실에 가서 급식지도를 한다. 이러한 활동들은 내가 기대했던 것과는 다소 달랐지만 그래도 재미있었다.

학생회에 들어가면 부서별로 하는 활동들이 있다. 나는 1지망으로 총무부에, 2지망으로 행복나눔부에 지원했다. 총무부에 지원한 이유는 학교의 예산이 어디에 쓰이는지 알고 싶어서였다. 학교 예산이 많이 투입되는 부분이 우리 학교가 중요하게 여기는 것이라고 생각했기 때문이다. 학교 예산의 흐름을 통해 우리 학교를 파악하고 싶었다. 행복나눔부는 이름이 생소해 보일 수도 있다. 처음에는 행복을 나눈다는 말이 무슨 의미인지 궁금했다. 행복나눔부는 학생들이 학교생활을 하면서 행복하게 보낼 수 있도록 이벤트를 주관한다. 행복나눔부에서 주관하는 이벤트들은 내가 학생회에 들어와서 해 보고 싶었던 활동들이었다. 그럼에도 내가 그렇게까지 재미있는 사람은 아니라는 생각이 들어 2지망으로 행복나눔부에 지원했다. 결국 서류에 합격했고, 들뜬 마음으로 학생회 면접을 보게 되었다.

면접은 수업이 일찍 끝나는 수요일에 진행되어, 면접을 준비하는 학생들만 남아 학교가 매우 조용했다. 면접을 준비하는 많은 학생들 사이에서 정적을 깬 것은 학생회 선배였다. 학생회 선배는 면접이 늦어질 수도 있으니 부모님에게 미리 연락하라고 했다. 나는 1조였기 때문에 제일 먼저 면접을 보게 되었다. 떨리던 마음이 조금 진정된 줄 알았지만, 차가운 복도를 지나 학생회 선배들을 보니 다시 심장이 미친 듯이 뛰었다. 맨 앞줄에는 회장단이 서 있었고, 뒤에는 학생회 모든 선배들이 우리를 쳐다보았다. 학생회 선배들이 모두 서 있는 앞에서 나는 의자 앞에 섰다. 일종의 테스트였던 것 같다. 의자 앞에 선 채로 학생회 선배들을 쳐다보니 "사랑합니다~"라고 먼저 밝게 인사해 주셨다. 우리 학교는 인사를 할 때 '안녕하세요' 대신 '사랑합니다'라고 말한다. 그래서 입학식 날에 모두가 사랑한다고 외쳤었다. 아직 익숙하지 않은 '사랑합니다'라는 말에 조금 당황했지만, 면접의 긴장이 조금은 줄어들었다.

면접이 시작되고 전교 회장 선배가 "나를 한 단어로 표현한다면 무슨 단어로 표현하시겠습니까?"라고 물었다. 심지어 그에 대한 대답은 반말로 하라고 하셨기 때문에 머리가 하얘졌다. 반말로 표현하는 것이 편하게 대답하라는 의미일 수도 있지만, 처음 본 선배에게 반말하는 것은 어려운 일이었다. 그래서 나는 존댓말이 편하다고 말하며 존댓말로 답변하겠다고 했다. 질문의 조건을 바꾼 셈이라 감점당할 수도 있다고 생각했지만, 선배들의 표정을 보니 흥미롭게 봐주는 것 같아 다행이었다. 면접은 질문을 받고 손을 든 순서대로 답변하는 방식으로 진행되었는데, 면접을 보는 학생들끼리 먼저 손을 들고 답변하는 신경전도 있었던 것 같다. 더 창의적이고 빠르게 대답하기 위해서였다. 공통 질문 3가지와 부서별 질문에 답변하고 우리의 면접은 끝났다.

면접이 끝나고 나가면서 또 한 번 인사를 해주셨는데, 들어올 때 받았던 인사와 나갈 때 들은 인사는 묘하게 느낌이 달랐다. 조금 더 잘 답변

할 수 있었던 것에 대한 아쉬움 때문이었을지도 모른다. 그렇게 많은 사람들 앞에서 면접을 본 경험이 없었기 때문에 사시나무처럼 떨렸다. 내가 무슨 말을 하는지도 잘 모르는 상태로 빠르게 대답하다 보니, 면접이 끝난 후에는 내가 뭐라고 답변했는지 기억조차 나지 않았다. 면접의 첫 번째 팀 중에서도 일찍 면접을 봤기 때문에 생각보다 빨리 끝났지만, 12조는 9시 30분까지 면접을 봤다고 들었다. 이러한 긴장감 속에서도 늦은 시간까지 면접을 진행하신 학생회 선배들과 면접을 본 학생들이 자랑스러웠다.

내 인생의 첫걸음

벌써 고등학생이 되었다니 실감이 나지 않는다. 중학교 때부터 하고 싶었던 것은 학생회에 들어가 선생님, 학생들과 회의하면서 학교를 바꿔 보는 것이었다. 하지만 중학교 때는 자신도 없고 면접 보는 게 두려워 학생회에 지원하지 못했다. 그래서 고등학교에서는 꼭 학생회에 들어가야겠다고 생각하였다. 그런 마음으로, 복도 포스터에 붙어있는 당진고등학교 학생회 인턴 모집 포스터를 보고 기숙사에 같이 있는 친구와 함께 용기를 내 서류를 제출하였다. 메시지로 1차 서류 심사에 합격했다고 문자가 왔을 때 친구와 나 둘 다 합격해 너무나 행복했다. 그렇게 선배들 앞에서 면접을 보았다. 우연히 나와 그 친구 둘 다 같은 부서에 지원하여 같이 면접도 보게 되었다.

처음에 면접을 보러 들어갔는데 학생회 회장, 부회장과 각 부서의 부장 선배들이 있었다. 면접을 보는 학생들을 포함해 사람이 생각보다 더 많아서 긴장하게 되었다. 면접 시작 후 공통 질문 "나 자신을 한 단어로 표현한다면 무엇인가요?"를 듣자마자 머릿속이 새하얘졌다. 고민을 하다 문득 한 단어가 떠올랐다. '끈기'. 그렇게 '끈기'로 나를 소개했다. 너무 긴장한 탓이었는지 내가 했던 말이 기억나지 않는다. 공통 질문 이외에도 각 부서의 부장 선배들도 따로 질문했다. 생각보다 더욱 진중한 분위기가 놀랍기도 하고 멋지기도 했다. 그렇게 떨리는 면접을 마치고 나왔는데 내가 잘한 것인지, 못한 것인지 몰라 너무 긴장됐다. 원래 면접 당일에 결과가 나온다고 했지만, 사람이 많아서 그런지 다음날로 미루어졌다. 다음날 발표 결과가 나왔는데, '합격'이었다. 정말 날아갈 것 같았다.

중학교 때부터 내가 하고 싶던 학생회가 되다니, 앞으로의 학생회 인턴 생활이 너무 궁금하고 설레었다. 월요일에 처음으로 학생회 회의가 있었다. 학교가 끝나고 회의하는 교실에 들어갔다. 그곳에서는 면접 때 봤던 선배들이 있었다. 면접 때는 선배들이 정말 무섭게 느껴지고 거리감이 느껴졌는데, 다들 자기소개를 하고 긴장을 풀어주시니 마음이 좀 더 가벼워졌다. 한 학기 동안 쓸 학생회 조끼를 받았는데 이제야 '내가 진짜 학생회가 됐구나!' 하는 게 실감이 났다. 학생회의 첫 회의 내용은 체육대회 종목을 정하는 것이었다. 선배들이 의견을 제시하면 다른 선배와 같이 그 의견을 듣고 같이 생각하는 시간을 가졌는데, 이렇게 회의를 하는 모습이 너무 멋져 보였다.

🧑 처음 하는 것들이 너무 많아

각 학년의 반장과 부반장이 모여 학생회에 의견을 내는 대의원회가 열렸다. 처음 경험하는 자리라서 긴장감이 가득했다. 시청각실에 모인 모든 학년의 반장과 부반장들을 보니, 정말 많은 학생들이 함께하고 있었다. 그들 각자가 학생회에 의견을 내는 모습이 너무 멋있어 보였다. 대의원회는 무거운 분위기일 것이라고 예상했지만, 의외로 회의가 원만하게 진행되어 다행이었다. 회의가 끝나고 기숙사로 돌아가 쉬고 있을 때, 내가 속한 체육부서의 부장 선배가 나에게 생일 축하한다고 하며 케이크를 선물로 주셨다. '이렇게 챙겨주시다니'라는 생각에 감동이 밀려왔다. 정말 고마운 마음이 들었다.

다음날, 고등학교에 올라가서 드디어 말로만 듣던 모의고사를 보게 되었다. 처음 보는 시험이라 그런지 더욱 떨렸다. 첫 시험이 국어였는데, 문제지를 펼치는 순간 멘탈이 흔들렸다. 생소한 지문들이 쭉 펼쳐져 있었고, 중학교 때와는 차원이 다른 난이도였다. 다른 과목들도 비슷하게 어려웠고, 이 경험을 통해 앞으로 더 열심히 공부해야겠다는 결심이 생겼다.

모의고사 외에도 또 하나의 새로운 경험이 기다리고 있었다. 바로 급식지도였다. 우리 학교에서는 점심시간에 학생회가 급식지도를 담당하는데, 이 일이 생각보다 간단하지 않았다. 학생들이 급식실에서 신발을 제대로 신지 못하게 막고, 혼잡하지 않도록 자리를 안내하는 것이 우리의 역할이었다. 처음이라서 생각처럼 잘되지 않았지만, 옆에서 선배들이 도와주셔서 무사히 해낼 수 있었다. 학생회 선배들은 정말 친절하고 배려가 깊은 것 같았다.

　고등학교에 올라와 처음으로 여러 사람과 함께 이런 활동을 하니 정말 즐거운 경험이었다. 새로운 도전들이 나를 기다리고 있고, 그 속에서 성장해 나가는 나 자신이 기대된다.

♡ ○ ▽　　　　　　　　　　　　　　　　　　　　　　　　　　　　　　　口

_ 김현한

이 책을 써내며 때때로 이런 생각이 들곤 했다. '몇십 년 전의 당진 고등학교의 모습은, 생활은 어땠을까?', '선배님들은 지금 어떤 삶을 살고 있을까?' 마음 같아서는 직접 만나보고 싶었지만 몇십 년 전의 선배들과는 접점조차 없기에 만나는 것은 거의 불가능에 가깝다는 생각이 일쑤였다. 그러던 중 문득 생각이 들었다.

"선생님, 혹시 졸업생 선배님들과 만나볼 수는 없을까요?"

항상 도움이 필요하거나 힘든 일이 있다면 가장 먼저 찾아가는 사람이 바로 학교 선생님이었다. 그렇기에 혹시나 하는 마음에 선생님께 도움을 청해본 것이었다.

"선생님이 연락해 봤는데 만나볼 수 있을 것 같아."

그리고 학생과 교사가 하나의 공동체가 가능하다는 것이 이 혁신학교의 강점 중 하나라는 생각이 든다. 선생님의 도움으로 당진고등학교 17대 학생회장이셨던 김주영 선배님과 직접 만나 뵐 수 있었고 선배님의 도움으로 당진고등학교가 혁신학교에 첫발을 내디딘 10년 전 16대부터 20대 학생회장 선배님들과의 만남의 기회가 생긴 것이었다.

_ 정은지

인터뷰 당일, 25대 학생부회장에서 26대 학생회장으로 당선되었다. 당선된 후 첫 번째로 진행하는 활동이 바로 인터뷰라는 사실이 무척 설레고 긴장되었다. 시험이 끝난 후 선거 준비로 바빠서 인터뷰를 준비할 시간이 부족했지만, 미리 준비해둔 덕분에 그래도 괜찮은 상태로 임할 수 있었다.

선생님께서 학생 주도로 인터뷰를 진행하는 것을 권장하셨기에, 친구와 후배와 함께 팀을 이루어 인터뷰를 진행하게 되었다. 진행하기 전에는 긴장감이 감돌았지만, 동시에 기대감도 컸다. 오늘 인터뷰를 진행할 선배님은 16대 학생회장으로, 10년 전에 우리 학교의 학생회장을 맡으셨던 분이었다. '10년 전 우리 학교는 어땠을까?'라는 궁금증이 가득했다. 그때의 학생회가 어떻게 운영되었는지, 그리고 어떤 어려움과 성과가 있었는지 듣고 싶었다.

10년 전의 상황은 지금과 많이 달랐고, 학교에서 할 수 있는 일들이 더 많았던 만큼, 회장이 된 나는 그 시절의 경험이 무척이나 궁금했다. 그래서 사전에 미리 질문을 준비하고 선배님과 공유하기로 했다. 이를 통해 좀 더 깊이 있는 대화를 나눌 수 있을 것이라 생각했다.

인터뷰가 시작되자, 선배님은 그 시절의 학교 생활과 학생회 활동에 대해 생생하게 이야기해주셨다. 그 과정에서 저도 모르게 긴장이 풀리며, 자연스러운 대화가 이어졌다. 선배님의 경험담은 많은 생각을 하게 했고, 앞으로의 학생회 활동에 대한 방향을 잡는 데 큰 도움이 되었다.

인터뷰 질문

1. 당진고등학교 재학 중 가장 인상 깊었던 일은 무엇인가요?

2. 당진고등학교가 어떻게 기억되나요?

3. 학생회 사업 중 기억에 남는 사업은 무엇입니까?

4. 학생회 선거 때 어떤 공약을 했나요? 이행하는 과정을 소개해 주세요.

5. 고등학교 생활에서 느꼈던 아쉬운 점은 있을까요?

6. 학생회 다모임에서 있었던 일은?

7. 지금 생활에 당진고등학교 시절이 준 영향은 무엇이 있을까요?

8. 당시 학생회장 연합회(DSP) 활동에 대해 알려주세요.

9. 학생회에서 학생들에게 전달하는 방식은 어땠나요?

10. 현재 당진고등학교 학생들에게 궁금한 점이 있나요?

11. 마지막으로 나에게 당진고등학교란? 학교가 그리웠던 순간은요?

열 한가지의 질문으로 진행되었다. 그렇지만 질문한 것이 무용지물 되었다. 질문을 하면서 궁금한 점이 계속 생겼다. 아무래도 10년 전에 활동하셔서 그런지 지금의 당진고등학교와는 많은 점이 달랐다.

10년 전 당진고등학교 학생의 주도성

"당진고등학교 시절, 하고 싶은 것을 다 했던 것 같아요"

인터뷰 중 가장 기억에 남는 말이었다.

선배님의 일화를 듣고 생각에 잠겼다. '진짜 할 수 있는 거였구나.' 생각했다. 우리 학교에서는 동아리를 직접 학생들이 계획하고 운영하는데, 이와 같은 사례를 주변에서 들은 적도, 본 적도 없었다. 그래서 나는 지금 현재의 동아리가 '학교의 교육과정이라 어쩔 수 없이 하는 건가?'라는 생각이 들었다. 우리 학교 학생들은 공부에만 집중하는 분위기 때문에 혁신학교의 이미지를 잃어가고 있는 듯싶었다.

또한, 선배님이 하고 싶은 것을 다 할 수 있게 된 계기는 교장 선생님의 역할도 톡톡히 했던 것 같았다. 선배님께서 재학 중이었던 때의 교장 선생님께서는 모든 학생들을 포용해 주는 분이셨다고 했다. 하고 싶은 것을 지지해 주셔서 하고 싶은 것을 전부 시행할 수 있었다고 하셨다. 학생 자치회의 운영은 학생들의 의견도 중요하지만, 선생님들의 의견과 노고도 필요한 부분이라고 느껴졌다.

이번 25대 학생부회장을 하면서 확실히 느꼈다. 공약으로 냈던 '학생용 프린터', '여자 화장실 생리대 배치'를 직접 시행해봤다. 학생회 대표들이 사업을 진행하려면 선생님의 역할도 중요하단 사실을 몸소 느껴왔다. 그래서 선배님의 이야기를 듣고 공감되었다. 학생, 선생님 모두의 의견이 맞아야 학생회 사업과 운영 또한 잘 이끌어 갈 확률도 높기 때문이다. 그러기 위해서는 존중과 배려가 필요하며, 한 번이 아닌 제대로 된 지속적인 소통이 중요하다. 학교를 행복하게 만들기 위해서는 학생들의 열정과 의견, 선생님들의 따뜻한 존중과 지지가 필요한 것 같다. 확실히 여러 사람들의 노고에 따라 학교도 바뀌는 듯싶었다.

학생들의 소통

공부와 입시로 침체된 학교에 활력을 불어넣는 것은 바로 행사다. 선배님 때도 여러 행사가 있었고, 지금까지 전통으로 남아 진행되고 있는 것도 있지만, 어떤 이유로 사라진 행사도 있었다.

"반별로 캠페인을 했었어요. 주제를 정해 다른 반 친구들과 경쟁하는 느낌으로 진행했었기에 기억에 남아요."

선배님께서 말씀하신 이 기억은 정말 의외였고 예상하지 못한 부분이었다. 지금의 학생들이 이런 활동을 하라고 하면 과연 참여할까 하는 생각이 든다. 현재는 동아리에서 각 진로에 맞춘 캠페인을 진행하고 있지만, 경쟁의 느낌으로 진행했다는 것이 새롭고 놀라웠다. 반별로 캠페인을 진행하면 학생들 간의 단합에도 도움이 될 것 같았다.

현재 반별로 진행되는 행사는 7월에 시험이 끝난 후 합창대회가 있다. 그때 1, 2학년 반장과 부반장은 합창대회를 주도해 나간다. 많은 학생들이 참여하는 만큼 반이 분열되거나 상황이 악화되는 경우도 종종 있었다. 하지만 합창대회를 마치고 나면 대체로 잘 마무리된다. 이 과정을 보면서, 반별로 하는 행사가 반의 분열을 일으킬 수 있지만, 학생들 간의 소통을 배우는 데 중요한 역할을 한다는 생각이 들었다.

1학년 때는 합창대회로 인해 분열이 생겼던 반이었지만, 2학년이 된 친구들은 합창대회에 더욱 협조하는 모습을 보였다. 오히려 즐기며 열정적으로 임하는 것 같았다. 인터뷰를 통해 혁신학교에서 추구하는 것이 '학생들 간의 활발한 소통'이라는 키워드라는 생각이 들었다. 반별 캠페인이 합창대회로 이어진 것 같다.

이전과 지금의 기숙사

"예지관 지금도 사용하나요?"라는 질문이 나왔다. 지금은 예지관(전 기숙사)을 사용하지 않는다.

"기숙사에 대한 추억이 많아요. 예지관과 당진학사(현 기숙사)가 있었고, 예지관은 성적 상위권 학생들이, 당진학사는 나머지 학생들이 이용했어요. 그 당시에는 6시에 아침 운동을 하고 6시 30분까지 씻고, 7시에 조식을 먹었죠. 휴대폰 걷는 것도 필수였어요."

지금의 기숙사와는 많이 다른 모습이었다. 당진 학사를 이용해본 경험이 있었기에 더욱 신기하게 느껴졌다. 지금은 아침 운동도 실시하지 않고, 휴대폰도 걷지 않는다. 그때는 아침 운동이 힘들었지만, 지금 생각해 보면 좋은 추억으로 남아 있다고 했다.

학교의 분위기를 바로 잡다?

"학생회장이 되기 전에는 학생회가 세습되는 경향이 있었어요. 소위 '노는 아이들'이 학생회장에 선출되는 경우가 많았는데, 제가 학생회장에 당선된 이후로 많이 바뀌었어요. 세습을 막기 위해 학생회 부원 모집을 적극적으로 홍보했고, 그 결과 많은 학생들이 지원해 주었어요.
점심시간의 급식실은 매우 혼란스러워 학생들의 질서가 제대로 잡히지 않았어요. 이 문제를 해결하기 위해 학생회장이 된 후, 학생들의 급식실 질서를 바로잡기 위해 노란 조끼를 만들어 학생회가 급식지도를 했어요. 그전까지 학생들이 학생회에 비협조적이었던 만큼, 급식 배급 10분 전에 나가서 질서 지도를 진행했어요."

당시 바뀐 부분은 지금까지 이어지고 있다. 현재는 블라인드와 같이 모든 전교생이 학생회를 할 수 있는 기회를 열어두어 새로 부원을 모집하고 있으며, 지원율도 유지되고 있다. 또한, 급식지도 시 노란 조끼를 착용하여 복잡한 급식실의 질서를 위해 봉사하고 있다. 당시 선배님의 노고가 있었기에 지금의 학생회가 존재하는 것이라고 생각한다. 1년 반 동안 학교의 분위기를 좌우하는 것은 학생들의 영향이 크다는 것을 느꼈다. 학교는 학생들이 배우고 경험하는 공간이기에, 학생들이 의견을 내지 않고 적극적으로 나서지 않는다면 바뀌는 건 없다.

인터뷰를 통해 혁신학교는 도전할 수 있는 기회를 쉽게 제공하는 곳이라는 생각이 들었다. '혁신'이라는 단어는 완전히 바꾸고 새롭게 한다는 의미를 지닌다. 2014년부터 당진고등학교는 '혁신학교'라는 타이틀로 변화를 시도하는 사람들이 있었던 시작점이 아니었을까 싶다. 학생 대표로서 학교를 변화시켜 나가는 지현 선배님의 이야기를 듣고, 10년 차가 된 지금의 학생회도 혁신학교에 걸맞은 활동을 하고 있는지 고민하게 되었다.

선배님은 후배들을 만나면 "크고 작은 경험을 많이 해봤으면 좋겠다."라고 했다. 학교 내에서든 외부에서든 그것이 사회에 나갔을 때 좋은 양분이 될 것이라고 하셨다. 선배님께서는 학교에서 회장을 하면서 했던 모든 활동들이 자신감을 키우는 데 큰 영향을 주었다고 하셨다. 인터뷰를 통해 선배님의 자신감 넘치는 모습이 정말 멋있다고 느꼈고, 그 모든 것이 학교에서의 활동에 영향을 미쳤다는 생각이 우리 학교를 다시 한번 돌아보는 계기가 되었다.

4월

*

적응

앙리 루소 <자화상>

가르치는 일을 가치 있게 여기는 교사로서 자부심을 가지고 직업에 임하고 싶습니다. 하지만 점점 어려워지는 상황 속에서 교사의 자부심이 어디에서 비롯되는지를 생각하게 됩니다. 남들이 뭐라 하든, 자신 내면의 빛을 잃지 않고 소중히 간직하며 하고자 하는 일에 가치를 부여하는 사람이 진정한 자부심을 가진 사람입니다.

앙리 루소라는 화가는 가난한 배관공의 자녀로 40세까지 파리의 하급 공무원으로 일하다 주말 화가로 그림을 시작하였습니다. 점점 그림에 대한 열망이 커졌던 그는 공무원 생활을 그만두고 늦은 나이에 전업 작가의 삶을 시작하였습니다. 그는 미술 교육을 전문적으로 받지 않았지만, 자신만의 독특한 화풍을 이루었으며 10년간 앙데팡당전에 최소한 한 작품 이상 출품하는 등 끊임없이 그림을 그렸습니다. 당시에 그의 작품을 보고 처음에는 비웃었으나, 점차 인정받기 시작하면서 이국의 낯선 식물을 그린 작품에 대해 관심과 사랑을 받게 되었습니다.

스스로 하고자 하는 일을 남들이 비웃거나 무시하더라도 자부심을 갖고 중도에 포기하지 않는 그의 자세를 다시금 생각하게 합니다. 그의 자화상에서 화가로서의 자부심이 느껴집니다. 또한 그림을 그리는 사람이라는 것을 보여주기 위한 붓과 파렛트를 들고 있으며 파리의 만국박람회를 의미하는 배경을 그려 넣었습니다. 자화상은 화가의 정체성을 보여주는 효과적인 주제인데 작품에서 그가 얼마나 그림을 좋아하며 그것을 자랑스러워하는지가 느껴집니다.

소크라테스의 유명한 말 "너 자신을 알라."란 그 시대의 상황을 고려한다면 "네가 얼마나 대단하고 소중한 존재인가를 알라."는 뜻으로 사용한 말이라고 해요. 그러면서 소크라테스는 "너의 영혼을 돌보라."고 했다고 합니다. 소피스트들의 세상에서 자신의 영혼을 더럽히지 않고 고결한 영혼으로 사는 것이야말로 가장 소중하다는 것을 강조한 것이라고 합니다. 화가들의 자화상을 볼 때 화가가 스스로를 어떻게 바라보는지가 보입니다. 자신감이 넘치는지, 현실과 이상 사이에 지쳐 방황하는지, 현실의 부조리에 대항하는지, 눈빛과 표정에서 감정이 읽힙니다. 자화상을 볼 때 표현된 대상의 영혼의 상태를 알아보는 건 어떨까 하는 생각과 함께 나의 영혼은 현재 어떠한 상태인지 되돌아보게 됩니다. 너무 마음이 약해져 있는지, 아니면 충만한 상태인지요. 그것이 삶에 있어 중요하다는 것을 자주 잊게 됩니다.

자부심 있는 교사로서 내가 무엇을 갖춰야 할지 고민하게 되었습니다. 직업에 대한 깊은 이해와 그것을 뒷받침하는 법적 기준의 오류를 살피는 것, 교육의 본질을 탐구하는 것, 그리고 시대에 맞는 교육을 위한 협력의 자세 등 많은 사안들이 눈에 들어왔습니다. 공부란 끝이 없다는 생각이 들기도 했습니다. 하지만 혼자서 할 수 있는 일이 아니기에, 곁에 동료가 있다면 외롭지 않을 것이라 믿습니다. 마음을 여는 일은 더 많은 생각을 불러일으키지만, 그럼에도 불구하고 혼자가 아닌 세상에서 자부심 있는 교사가 되어야겠다고 결심했습니다.

교사 이준민

\# 신규교사의 시험 출제기 \# 동아리 버스킹 \# 이 맛에 교사하지
\# 쉼이 있는 수요일, '숨데이' \# 1회 고사: 전지적 교사 시점

신규교사의 시험 출제기 1탄

나는 예술을 해본 적이 없다. 하지만 예술계에 종사하는 분들이 입에 달고 사는 말은 익히 들어 알고 있다. 그것은 바로 '창작의 고통'이다. 물론 그에 비하기 어렵겠지만, 요즘 나름의 '창작의 고통'을 겪는 중이다. 지금은 우리 학교의 1회 고사 3주 전이다. 교사들은 내가 왜 '창작의 고통'을 느끼고 있는지 짐작할 수 있을 것이다. 바로 시험 출제 기간이기 때문이다.

학교의 일정이 모두 처음인지라, 시험 출제 역시 처음 맞닥뜨리는 관문이다. 문항은 어떻게 구성해야 바람직한지, 중점을 두고 출제해야 하는 내용이 무엇인지, 편집은 어떻게 해야 하는지 고민이 한 두 가지가 아니다. 서답형 문제에 대한 예상 답안과 평가 기준을 작성해 놓는 것도 쉽

지 않다. '이런 답도 나오려나?', '이 문장을 보고 학생들이 애매하게 생각하려나?', '난이도는 적절한가?' 등 내적인 고민이 끝도 없이 나온다. 이런 고민을 두 과목을 두고 해야 한다니 정말 쉽지 않다.

학창 시절에는 공부한 내용 그대로 시험지를 보고 OMR 답안지를 채우기만 하고, 이 시험지가 어떤 과정으로 내 앞에 왔는지는 생각해 본 적이 없었다. 이제는 학생들의 앞날이 결정될 수도 있는 문제를 내가 결정한다니 은근한 부담이 느껴지기도 한다. 가장 걱정되는 것은 내가 낸 문제에 있을지도 모를 오류다. 오류가 있다면 시험이 끝난 후 학업성적관리위원회도 열려 복잡한 절차를 거칠뿐더러, 학생들에게도 큰 피해를 가져다줄 수도 있다. 내가 할 수 있는 것은 딱 하나다. 출제한 문제에 오류가 없도록 두 번 검토하고, 세 번 검토해야 한다.

🙂 동아리 버스킹

날씨가 좋아 어디론가 놀러 가버리고 싶었다. 올해 들어 날씨가 가장 좋았던 것 같다. 기분 좋게 따듯하고, 바람과 햇빛 모두 적당했다. 물론 학교에서 아이들을 만나는 것은 정말 행복한 일이지만, 그래도 이처럼 날씨가 좋은 때에는 잠시라도 학교를 떠나 나만의 공간에서 휴식하면 좋겠다는, 이루어질 수 없는 바람을 가져본다. 학창 시절에도 날씨가 좋으면 진심 반 농담 반으로 "오늘 수업 말고 놀아요~"라고 습관적으로 외치던 학생들이 있었다. 지금도 다르지 않다. 수업을 시작함에 앞서 학생들에게 오늘 날씨가 좋다는 투의 말을 했더니 마찬가지로 학생들도 놀고 싶었나 보다. 거의 놀자고 애원하는 학생도 있었다. 10년이 지나도 학생이든 교사든 사람 사는 것은 다 비슷한 것 같다.

　그러던 찰나 오늘 점심시간에 학생 밴드 동아리의 버스킹이 있다는 것을 우연히 알게 되었다. 한 학생이 버스킹 리허설이 있다는 이유로, 수업 시간에 버스킹 연습을 하러 가도 되는지 허락을 받으러 왔기 때문이다. 솔직히 말해 기분이 마냥 좋지는 않았다. '버스킹이 수업보다 우선이 되는 것이 맞을까?'라는 생각이 들었다. 다른 학생들도 그렇게 하기로 했고, 각자 담임 선생님께 허락을 받았다고 하여 나는 마지못해 알았다고 고개를 끄덕였다. 이 수업 후 바로 점심시간이었는데, 점심을 먹고 산책 중에 한시부터 예정된 버스킹이 생각났다. 호기심 반, '얼마나 잘하나 보자.'라는 마음 반으로 동료 선생님과 함께 공연을 구경하러 갔다. 막상 공연을 보러 가니 그런 마음이 싹 사라졌다.

　학생들의 밴드 공연은 푸른 하늘과 어우러져서 마치 청춘드라마의 한 장면 같았다. 이름만 대면 아는 프로 밴드만큼 공연을 잘하는 것은 아니었지만, 오히려 완벽하기보다 조금씩 서투른 모습이 더 귀엽고 풋풋해 보였다. 자신이 맡은 악기를 연주하고, 노래하는 것을 진심으로 즐기는 아이들의 표정을 보니 내가 아이들에게 선물을 받은 듯했다. 공연하고 있는 학생들뿐 아니라, 그 공연을 구경하고 있는 학생들도 호응하는 것을 보니 '답답할 것 같은 학교 울타리에서도 이렇게 놀러 나간 것 같은 기분을 가질 수 있구나.'라는 생각이 들었다. 동시에 학생이 자신이 좋아하는 활동이 무엇인지를 알고 스트레스를 해소할 배출구가 있어서 다행이었다. 그러면서 아까 내가 가졌던 조금은 심술궂었던 마음이 부끄러웠다. 물론 수업을 잘 듣는 것도 중요하지만, 이렇게 학생이 스스로 행복을 느끼게 된다면 학업에 있어서 잘 지치지 않을 것이고, 이런 경험을 바탕삼아 성장해 나갈 수 있을 것이다. 학생이 어떻게 하면 행복을 느낄 수 있는지 고민하는 것이 바로 학교와 어른의 큰 역할임을 다시 한번 배운다.

🧑 이 맛에 교사하지

작년 임용시험을 준비하던 생각이 난다. 무더운 여름, 공부에 한창일 때 '서이초 사건'이라고 부르는 비극적인 일이 있었다. 이후 '교권'에 관한 이슈가 우리 사회를 뒤흔들었다. 당시 나는 '이렇게 고된 직업을 가지기 위해 힘들게 공부해서 시험까지 보아야 할까?'라는 생각도 잠시 했었다. 하지만 얼마 되지 않았음에도 나는 '교사'라는 나의 직업에 크게 만족하고 있다. 여러 가지 이유가 있지만, 가장 큰 이유는 당진고등학교의 학생들이다. 오늘 있었던 일이 이런 내 생각을 확고하게 만들었다. 단 한 명의 학생 때문이었다.

여느 때와 다름없이 경제 수업을 위해 학생들의 출석을 확인한 후, 컴퓨터를 연결하고 있었다. 그런데 한 학생이 조심스럽게 손을 들어 할 말이 있다고 하는 것이다. 그 내용은 내가 가르치는 경제 수업을 이제는 듣지 않고, 다른 선택과목으로 변경하기로 했다는 것이었다. (현재 고교학점제하에서 본인이 과목을 선택하여 들을 수 있고, 원칙적으로 다음 학기 들을 과목을 미리 결정해 놓지만, 일부 학생의 경우 학기가 시작되고 나서 과목을 변경하는 경우도 있다.) 이 학생은 항상 맨 앞자리에서 고개를 끄덕거리며 수업을 듣고, 질문도 열심히 해서 수업마다 눈에 띄었다. 그런 학생이 이제 내 수업을 듣지 않는다고 하니 아끼는 제자를 하나 잃은 것 같아 처음에는 아쉬움을 느꼈다. 아쉬움과 동시에 고마움을 느꼈다. 사실 고마움을 훨씬 크게 느꼈다. 1회 고사가 코앞으로 다가온 요즘, 학생들은 자신이 시험 봐야 하는 과목을 공부하는 것에 여념이 없다. 눈앞의 성적이 1순위인 학생들에게는 당연한 이야기다. 이 학생은 다음 주 월요일부터 내 수업을 듣지 않기 때문에, '경제'라는 과목은 더 이상 시험을 봐야 하는 과목이 아니다. 즉, 효율만 따져본다면 더 이상 수업을 열심히 듣지 않아도 되는 과목일 수 있다. 그런데도 수업을 시작한다고 하니 이 학생은 어김없이 맨 앞자리로 와서 평소와 다름없이 수업을 들었다. 이뿐만 아니라 이틀 전 경제 수행평가를 정해준 분량 이상을 서술하여 제출했다.

　다른 사람은 어떻게 생각할지 모르지만, 그 학생에게 정말 고마웠다. 그래서 아이스크림을 하나 사주며, "너는 공부도 열심히 하겠지만, 그와 상관없이 좋은 사람이 될 거야."라며 수업 작별 인사를 했다. 목요일은 다른 요일보다 수업이 많아 나에게는 피곤한 요일인데, 이런 학생들이 우리 학교에 많이 있다고 생각하니 피곤이 싹 가셨다. 동시에 이런 생각이 들었다. '학생은 자신의 인생에 주어진 시간 중 일부를 투자해 내 수업을 듣는다. 단지 내가 선생님이라는 직업을 가졌기 때문이다. 따라서 학생이 수업을 듣는 시간을 헛되지 않게 하기 위해서는 나도 항상 발전하고, 노력해야 한다.' 당연한 말이지만, 이러한 마음가짐을 굳히게 된 하루였다.

🧑 신규교사의 시험 출제기 2탄

인생 첫 시험 출제가 지난주 마무리되었다. 교무실 바로 뒷자리에 앉아 계시는 평가부 선생님들 말씀으로는 이제 슬슬 시험지를 인쇄하는 절차에 들어간다고 한다. 하지만 출제가 완료되었다고 해서 아직 완벽하게 끝난 것은 아니다. 당일에 문제지를 받아 푸는 입장에선 문제의 제작 과정을 보지 못하겠지만, 꽤 많은 수정 절차를 거친다. 시험 문제는 인공지능이 내는 것이 아니라 사람이 내는 것이다. 따라서 문제에 가끔 오탈자가 있을 수도 있고, 단어 하나 때문에 자체의 의미가 달라져 답이 달라지는 사태를 초래할 수도 있다. 생각만 해도 등골이 오싹하지만, 정답이 되는 선택지가 2개 이상일 수도 있다. 이 모든 것들을 방지하기 위해 내가 낸 문제를 계속 들여다보고, 유사한 교과를 가르치는 선생님에게 부탁하여 문제를 같이 검토하기도 한다. 다만 지금부터는 문제 오류를 발견하면 결재도 다시 맡고, 재인쇄를 해야 해서 절차가 번거로울 수 있다. 그렇다고 문제 검토를 할 필요가 없다는 것은 아니다. 번거롭더라도 시험 당일 문제에 이상이 있는 것보다는 낫기 때문에 시험을 치르기 전까지 그것을 수정하는 것이 중요하다.

출제가 처음이다 보니 여러 가지 당황스러운 일들이 있었다. 첫째는,

출제했던 경제 문제가 삭제되어 다시 출제했다는 것이다. 평가는 학교와 학생 모두의 입장에서 매우 예민한 영역이기 때문에, 문제에 대한 보안을 유지하는 것이 생명이다. 그래서 문제 파일은 암호까지 걸어 USB에 따로 보관한다. 그런데 문제를 저장하는 과정에서 오류가 발생했고, 뒷일을 생각하지 못한 채 노트북에 꽂혀 있던 USB를 제거해 버렸다. 결국 파일이 손상되어 문제가 완전히 날아갔다. 되돌리는 법을 검색해 보았지만, 딱히 방법은 없었다. '이런…. 하지만 되돌릴 수 없다.' 나의 피와 같은 10문제를 울먹거리며 다시 출제했다.

그렇게 힘들게 문제를 내고 반복해서 검토했음에도 불구하고 잘못된 부분이 계속 나왔다. 어떤 문제는 답에 굵게 표시가 되어 있기도 했다. 그런 오류가 나올 때마다 그 상태로 시험을 진행하는 상황을 상상하니 온몸에 소름이 돋았다. 특히 교감 선생님께서 발견하신 부분이 압권이다. 당연히 모든 과목의 선택형은 5개의 선택지로 이루어지는데 6개의 선택지를 가진 문항을 출제해버렸다. 다른 내용의 3번 선택지가 두 개가 있었던 것이다. 과욕이 불러온 참사였다. 교감 선생님께서 "아니 선생님, 아무리 의욕이 넘쳐도 그렇지, 어떻게 육지 선다형 문제를 만들었데?"라며 장난스럽게 나를 놀리시기도 했다. 올해 교사가 됐지만 교직에 있는 동안 매 학기 문제를 출제하는 선생님들이 새삼 존경스럽다. 나, 더 이상 실수 없이 잘할 수 있겠지?

🧑 쉼이 있는 수요일, '숨데이'

앞선 글에 언급한 바 있듯이, 일반적인 수요일 일과는 오전에 수업, 5교시부터 6교시에는 학생들의 동아리 활동으로 이루어진다. 동아리 활동을 마친 학생들은 일찍 하교하고, 교사들은 필요에 따라 교내 연수를 진행하기도 하고, 안건이 있을 때 교직원 회의를 열어 의견을 교환한다. 또한 매월 셋째 주는 '전문적학습공동체의 날'이다. 이렇게 매주 수요일이 흘러간다.

그런데 당진고등학교에는 예외가 있다. 바로 '쉼'과 수요일의 '수'를 결합한, '쉼이 있는 수요일'이라는 뜻의 '숨데이'다. 숨데이는 격월로 운영된다. 예를 들어 4월 마지막 주 수요일에는 숨데이가 있지만 5월에는 숨데이를 운영하지 않고, 6월 마지막 주 수요일에 다시 숨데이가 운영된다. 숨데이에는 오후 한 시 학생들이 모두 하교하기 때문에 교사들의 공식적인 일과가 한 시에 종료된다. 따라서 이날 교사들은 필요에 따라 남은 업무를 하기도 하지만 일찍 퇴근하여 휴식을 취하는 교사들도 있고, 자전거 동아리, 배드민턴 동아리, 족구 동아리, 독서 동아리 등 각자 소속되어 있는 교사동아리 활동을 하기도 한다.

당진고등학교에서 맞는 첫 숨데이에 부서 선생님과 함께 식사 자리를 가졌다. 주변에서 유명한 탕수육 맛집에서 밥을 먹고 후식으로 커피도 한 잔 마시는, 오랜만에 낮에 가지는 여유 시간이었다. 학창 시절을 한번 생각해 본다. 내가 다녔던 모 고등학교는 학생의 대학 입시를 위해 학생과 교사를 많이 몰아붙였었다. 그 때문에 학생들 역시 스트레스를 받았고, 지도해 주시던 선생님들께서도 기분이 좋지 않아 보일 때가 많았다. 이는 그대로 학생들의 수업과 활동에도 그리 좋지 않은 영향을 미쳤다. 내가 기억하는 선생님들은 화가 많으셨고 어찌 보면 별것 아닌 일에 큰 소리도 많이 치셨다.

하지만 당진고등학교의 '숨데이'는 말 그대로 교사들에게 잠시나마 숨 돌릴 수 있는 시간을 준다. 특히 학기 초에 집중되어 있는 업무를 하느라, 곧 있을 시험을 위한 문제를 출제하느라 바쁘게 달려온 교사들에게 꿀맛 같은 날이다. 물론 '숨데이'를 부정적으로 여기는 시선이 있을 수도 있다. 하지만, 교사의 행복은 학생들의 행복과 직결된다. 때문에 '숨데이'는 장기적으로 교사의 스트레스 해소에 도움을 줄 수 있을뿐더러 학생들에게 좋은 영향을 끼칠 수 있도록, 즉 행복을 줄 수 있도록 도울 것이다.

ⓐ 1회 고사 : 전지적 교사 시점

드디어! 오지 않을 것만 같았던 1회 고사 날이 다가왔다. 당진고등학교에 발령받고 맞이하는 첫 교내 시험이다. 생각보다 많이 떨렸다. 전날 밤에 심장이 두근거렸다. 혹자는 이렇게 말할 수 있다. "아니, 시험을 보는 입장도 아니면서, 왜 떨려 하는 거야?" 하지만 떨린다. 마치 내가 시험을 보는 것 같았다. 내가 걱정했던 첫 번째 이유는 시험을 보는 나흘 동안 계속해야 하는 시험감독 때문이다. 저번 전국 연합 학력평가에서 처음 시험감독을 해봤을 때 생각보다 쉽지 않았다. 예비령이 울리고 난 후 5분 안에 답안지와 시험지를 모두 나누어주고, 인쇄 상태까지 확인시켜 주어야 하기 때문이다. 그나마 그때는 시험지가 한 묶음으로 되어 있어 빠르게 문제지를 배부할 수 있었다. 반면 학교의 내신 시험에서는 문제지가 묶여져 있지 않다. 국어 문제지 같은 경우에는 지문이 길어 5장인 경우도 있다. 그래서 시험지를 빨리 셀 수 있도록 사무용 골무도 구매하고, 만반의 준비를 했다.

두 번째로 걱정했던 이유는 문제에 오류가 있을 가능성 때문이었다. 하지만 주사위는 이미 던져졌다. 바꿀 수 있는 것은 없다. 이렇게 두서없이 내가 걱정했던 것만을 늘어놓고 있지만, 이 글을 학생들이 본다면 화를 낼지도 모른다. 정말로 걱정이 많은 사람들은 그들일 것이기 때문이다. 학생들은 자신들이 준비한 것을 내신 등급이라는 수치로 평가받는다. 아무리 열심히 준비한다고 해도 그날의 컨디션이 결과를 좌우할 수도 있다. 그래서인지 나도 시험을 치를 때마다 소화가 잘되지 않았던 기억이 난다.

물론 9등급제의 현실에서 1등급을 받게 되는 학생과 그렇지 않은 학생들을 구분하는 것이 나의 역할이기도 하다. 그 때문에, 위선으로 보일 수도 있지만 학생들이 너무 많은 스트레스를 받지 않았으면 한다. 그리고 스트레스를 받더라도 그것을 건강하게 해소할 수 있었으면 한다. 또한 자신의 성적표에 나온 결과와 별개로, 사람 대 사람으로 자신의 노력을 응원해 주는 사람이 있다는 것을 알아주었으면 한다. 그런 취지로 창의인성혁신부에서 조그마한 이벤트를 준비하였다. 바로 시험이 시작되는 날 아침에 교사가 학생에게 조그마한 간식을 전달하면서 진심이 담긴 응원의 말을 전달해 주는 것이다. 특히 1학년 학생들은 중학교에서 고등학교로 올라와 치르는 첫 시험이기에 더욱 의미가 있는 행사가 될 것이라고 생각했다.

그래서 부서에서 함께 행사를 계획하고 오늘 아침 평소보다 1시간 정도 일찍 출근했다. 솔직히 조금 피곤했다. 그렇지만 시험공부를 하기 위해 나보다도 일찍 와 간식도 받지 못하고 가버렸던 학생들을 생각하니 피곤한 기색을 내비칠 수는 없었다. 애써 피곤을 감추고, 웃으며 교문을 통과하는 학생들에게 "맛있게 먹고 다들 파이팅이야!"라는 인사말로 준비한 간식을 나누어주었다. 학생들이 공부하느라 얼마 자지 못했는지 피곤한 얼굴 속에서도 환한 표정으로 간식을 받아 가는 것을 보니 피곤이 싹 가셨다.

다른 선생님들에게 감사를 표하고 싶다. 원래 이렇게 학생들에게 간식을 나누어주기로 창의인성혁신부에서 계획했기 때문에, 다른 부서의 선생님들은 시험감독으로 바쁘기 직전 잠깐의 휴식을 취하셨어도 괜찮다. 그런데도, 교장 선생님, 교감 선생님과 교무부장 선생님을 비롯해 시간이 되는 다른 선생님들도 많이 교문 앞에 나오셔서 간식 나누어주는 것을 도와주셨을 뿐만 아니라 함께 학생들에게 응원의 말도 전해주셨다. 덕분에 학생을 생각하는 교사의 마음이 더 크게 전달될 수 있었다. '학생들 모두에게 행운이 있기를!' 간절히 바란다.

🖌 평범함이 특별함으로

그림을 그리다 보면 그 과정에서 남는 고민의 흔적들이 참으로 매력적으로 느껴질 때가 많다. 이러한 흔적들은 그리려는 대상을 어떻게 표현할지에 대한 노력과 애씀, 그리고 깊은 탐구의 결과물이다. 그림을 그릴 때는 자신의 생각만큼 잘 표현되지 않아 스스로 절망을 느끼기도 하는데, 이러한 순간들이 결국은 성장의 기회가 된다. 완성했을 때, 그 지점이 빠지면 그림의 매력이 사라질 정도로 중요한 요소가 바로 그 고민의 흔적이다. 고민했던 부분이 그림에서 빛을 발하는 순간, 우리는 그 과정의 의미를 비로소 깨닫게 된다. 반면, 아무런 고민 없이 그려진 그림은 매력이 덜하고, 사람들의 시선을 스쳐 지나가기 일쑤다.

빈센트 반 고흐의 그림을 바라볼 때마다 그의 고뇌와 대상을 어떻게 표현할지에 대한 깊은 사유가 겹쳐 보인다. 그의 물감이 농축될수록 그림은 더욱 매력적으로 살아나고, 그 속에 담긴 감정과 생각은 관람객에게 강한 인상을 남긴다. 반 고흐의 작품은 단순한 시각적 아름다움에 그치지 않고, 그의 내면에서 우러나오는 감정의 깊이를 전달한다. 글을 쓰는 과정도 이와 유사하다. 우리가 겪은 여러 사건들을 어떻게 글로 표현할지 고민하고 깊이 생각하는 과정에서 매력이 생겨난다. 평범한 일상에서도 의미를 찾고, 그것을 기록하려는 노력 속에서 일상은 특별해진다. 이러한 흔적들이 쌓이고 쌓여 이전과는 다른 모습으로, 다양한 색과 형태로 표현될 수 있다. 오늘은 어떤 모습을 발견하여 적어볼까 고민하게 된다.

하지만 일상의 관성에 의해 새로운 사실을 발견하는 것은 참으로 어렵다. 매일 반복되는 일상에서 신선한 관점을 찾는 것은 간단한 일이 아니다. 이럴 때마다 파블로 피카소의 위대함이 다시금 떠오른다. 그는 자신의 과거 화풍을 반복하지 않기 위해 인생 전반에 걸쳐 끊임없이 노력한 화가였다. 당시 사람들에게 인정받던 화풍이 더 이상 자신에게 맞지 않다고 느끼면, 주저하지 않고 자신의 그림 스타일을 바꾸었다고 전해진다. 피카소는 전혀 새로운 모습으로, 마치 세상을 처음 보는 어린아이의 시각으로 그림을 그리려 했다. 어린아이의 시각은 기존의 관습과 형식을 답습하지 않는 신선한 시각을 의미한다. 그는 기존의 틀을 깨고 새로운 가능성을 탐구하며, 자신만의 독창적인 세계를 창조해냈다. 피카소의 자기 극복의 여정은 단순히 기술적인 변화에 그치지 않고, 그의 내면에서 우러나오는 진정한 예술적 열망을 반영한다. 그의 작품 세계는 그렇게 다양한 시각으로 세상을 바라보는 것이 얼마나 중요한지를 잘 보여 준다. 이러한 점에서 나는 문득 고민에 빠진다. 이전과 다르게 학교를 바라보며 좋은 점과 그렇지 않은 점을 찾아 기록할 수 있을까? 어떻게 하면 그런 새로운 시각을 가질 수 있을까?

변화된 시각을 갖기 위해서는 일상에서 미세한 부분에 주목하고, 그 속에서 새로운 의미를 발견하려는 의식적인 노력이 필요할 것이다. 학교라는 공간이 지닌 다양한 모습과 가능성을 탐구하는 과정에서, 우리는 자신만의 독특한 관점을 발견하게 될 것이다. 기존의 관습과 틀에 얽매이지 않고, 열린 마음으로 학교의 모든 요소를 바라보아야 한다. 이는 단순히 학교의 구조나 프로그램을 분석하는 것을 넘어, 그 안에 존재하는 사람들과의 관계, 학교가 지닌 문화, 그리고 학생들의 꿈과 열망을 이해하는 과정이기도 하다. 그렇게 한다면, 새로운 발견이 우리를 기다리고 있을지도 모른다. 매일의 일상 속에서 작은 변화와 차이를 찾아내고, 그것을 글로 기록하는 과정은 나 자신을 돌아보는 기회이기도 하다. 학교에서의 경험을 통해 내가 어떤 감정을 느끼고, 어떤 생각을 하며 성장해 나가고 있는지를 성찰하는 것이다. 이 과정이 쌓이고 쌓여, 나의 시각이 더욱 풍부해진다면, 그 속에서 진정한 의미와 가치를 발견할 수 있을 거다.

🙍 버스킹

작년 4월, 따뜻한 기운이 돌기 시작하면 급식실로 가는 길에서 학생들이 버스킹을 하곤 했다. 음악이 주는 힘은 정말로 크다. 빈 공간을 음악이 메워주는 듯한 느낌이 들고, 공기로 가득한 공간에서 음악이 흐르면 그 분위기가 확 달라진다. 사람은 이성보다는 감정적인 요인이 더 크게 작용한다고 한다. 기분이 태도가 되어서는 안 되지만, 기분이 좋을 때와 나쁠 때는 행동에서 미세한 차이가 나타난다. 상대방의 기분에 따라 사소한 부탁도 흔쾌히 들어줄 수 있으며, 거절할 경우에도 그 분위기를 부드럽게 유지할 수 있다. 오늘은 그전에는 없던 공간에서 음악 소리가 들리니 기분이 좋아진다. 날씨도 화창하고 따뜻해 참으로 여유롭다.

하지만 작년과는 다르게 급식실 가는 길에는 공사 차량이 있어 운동장 옆 농구장에서 버스킹을 하게 되었다. 아직 덥지 않은 시기라 버스킹의 모습이 그리 나쁘지 않게 보일 수도 있지만, 학생들의 문화 공간이 열악하다는 점은 분명히 아쉬운 상황이다. 당진고등학교는 시설 부분에서 아쉽고 부족한 점이 많다. 물론 기숙사, 도서관, 그리고 비교적 넓은 교실 등 잘 되어 있는 부분도 있지만, 시설이라는 것은 상대적이기에 더 열악한 곳과 비교하면 좋다고 평가할 수 있다. 그러나 시설이 아주 좋은 곳과 비교하면 아쉬운 부분이 많이 남는다.

특히 가장 큰 어려움은 유휴 공간의 부족으로 회의하기 적당한 장소가 부족하다는 것이다. 학생들도 쉬는 시간에 이용할 수 있는 공간이 부족하고, 소인수로 모여서 상의할 수 있는 공간이 별로 없다. 사람은 공간에 영향을 받는다. 여유롭고 산책할 수 있는 공간이나 명상과 쉴 수 있는 공간이 있다면, 그만큼 여유로운 사람이 될 수 있다. 하지만 우리 학교 학생들에게 필요한 만큼의 공간이 풍족하지 못하다는 점은 참으로 아쉬운 부분이다. 이를 개선하기 위해 내년부터는 미래 학교 전환을 위한 공사가 시작된다고 한다. 정말 다행인 소식이다. 공사 기간의 불편함을 감수해야겠지만, 공사 후에는 조금 더 나은 환경에서 생활할 수 있다는 점이 기대된다.

공연을 위해 미리 준비하고 리허설을 하며, 식사를 마치고 나오는 사람들에게 아름다운 선율과 그동안 연습한 노래로 자신의 기량을 펼치는 학생들의 모습은 장소가 조금 부족하더라도 그것을 덮을 수 있는 청춘의 아름다움으로 가득 차 있다. 그들은 음악을 통해 자신을 표현하고, 서로의 마음을 연결시키는 특별한 경험을 하고 있다. 이처럼 학생들은 부족한 공간을 열정과 창의성으로 채워 나가고 있으며, 버스킹이라는 활동은 단순히 음악을 연주하는 것이 아니라, 서로의 꿈을 응원하고 새로운 유대감을 형성하는 기회가 된다.

이러한 순간들은 단순한 공연이 아닌, 학생들이 함께 만들어가는 특별한 경험으로 자리 잡는다. 그들의 열정이 담긴 공연은 비록 공간이 부족하더라도, 그 안에 담긴 마음과 노력이 가득 차 있다.

🙂 생애 첫 투표한 날

2024년 4월 10일, 제22대 국회의원선거 투표일이다. 2020년 공직선거법 개정으로 18세 이상인 고등학교 3학년도 투표가 가능해져 SNS, 뉴스로도 청소년들의 투표 사례를 많이 접할 수 있었다. 주변 친구들도 투표를 하고 왔다는 소식을 간간이 들었다. 운이 좋게 나도 투표가 가능한 나이여서 10일 전인 5일, 사전투표일에 투표를 하고 왔다. 마침 3학년 1학기에 '정치와 법' 과목을 수강하고 있는데 수업 내용 중 국회의원 선거와 같은 내용을 학습하기도 하였고 정치와 법 선생님께서도 이번 총선에 선거권이 있는 학생들은 투표 참여해 봄으로써 수업 내용 이해에도 좋은 기회가 될 것 같다고 하시며 학생들에게 투표 참여를 권장하기도 하셨다.

4월 5일, 학교가 끝나고 사전투표를 하러 학교와 가장 가까웠던 사전

투표소로 향했다. 사전투표소로 가고 있었는데 우연히 학교 선생님을 뵈었다. 그런데 이런 우연이?! 마침 선생님도 사전투표를 하러 가는 길이라고 하셨다. 안 그래도 첫 투표인지라 조금 걱정되었는데 선생님께서 사전투표소에 들어가면 어떻게 되어 있는지, 투표는 어떤 절차로 이뤄지는지 등을 친근하게 설명해 주셔서 걱정되었던 마음이 기대로 가득 채워졌다.

사전투표소 도착! 들어가기 전 첫 투표 경험을 기록으로 남겨두고 싶어 사전투표소 밖에서 선생님께 "선생님! 혹시 저 사진 한 번만 찍어주실 수 있을까요?!"라고 사진 촬영 부탁을 드렸는데 선생님께서는 웃으시며 흔쾌히 사전투표소 앞에 서보라며 열심히 나를 찍어주셨다.

신난 마음을 안고 사전투표소 안으로 들어갔다. 내가 예상하던 사전투표소의 분위기랑은 약간 달랐다. 굉장히 엄숙한 분위기에서 이루어질 줄 알았던 나는 신분 확인을 하시는 분들의 "06년생은 처음인 거 같은데?", "처음 투표하시는 건가 보네요~"라는 대화를 잊을 수 없었다. 기표소 안내자께서도 "하나는 지역구, 다른 하나는 비례대표 투표용지예요."라며 친절하게 도와주셨던 기억이 첫 투표의 좋은 기억 중 하나로 남았다. 첫 투표인 만큼 누구보다 신중한 고민 끝에 투표도장을 한 번, 또 한 번 찍고 손등에도 찍고 준비한 다이어리에도 찍으며 첫 투표의 기록만큼은 후회 없이 남겼다.

선생님께서 내가 투표가 끝날 때까지 기다려주셨고 기표소를 나오자마자 세상 해맑은 표정으로 선생님께 달려갔다. 선생님께 함께 가주셔서 너무 감사드린다는 인사를 드리며 다시 학교로 향했다. 이번 경험은 나뿐만 아니라 다른 학생들에게도 좋은 이야깃거리가 될 것 같아 학생회의 소속 부서인 총무부에서 운영하는 '당고신문'의 기사로 작성할 예정이다.

🙂 처음이자 마지막의 시작, 3학년 1학기 중간고사

새로운 환경에 적응해 친구들과 선생님이 익숙해질 즈음, 어느새 1학기 1회 고사가 찾아왔다. 우리 학교는 2024년 4월 29일부터 5월 3일, 재량휴업일을 제외하고 4일간 시험을 치렀다. 3학년이 된 후 수업을 들으면서도, 공부하면서도 이제 1, 2학년과 다르다는 것을 크게 느꼈다. 초등학교 때부터 수업 시간에 없으면 혼났던 교과서가 고3에게는 라면 받침대에 불과하다. 정말 라면 받침대로 사용한다는 것은 아니지만 그만큼 교과서를 활용한 수업은 보기 드물었다. 영어 과목은 수능 기출 영역 위주로만 수업하시며 교과서의 지문은 물론 목차까지도 살펴보지 않는다. 국어 과목도 대부분 수능 기출이나 선생님의 자체 제작 자료로 수업이 이뤄진다. 물론 학교마다, 선생님마다 수업 방식이 모두 다르긴 하지만 대부분의 수업에서 교과서의 활용도가 상당히 낮다.

아마 많은 고등학교에서는 고교학점제가 운영되어 수강할 수 있는 과목이 다양할 것이다. 그만큼 지필평가를 보는 과목도 다양할 텐데 이 때문에 시험 시간표도 가관이다. 매일, 매시간, 학생마다 시험을 보는 과목이 다르며, 다른 학생이 시험을 보는 동안 자신이 해당되는 시험이 아니어서 자습을 하는 학생도 있고, 시험 기간 4일 동안 종일 자습인 경우도 있었다. 고사실 또한 매시간 바뀌어서 시험 시작 전 내가 맞게 왔는지 확인은 필수다.

4일의 시험 기간이 끝나자마자 고등학교 1, 2학년 동안 교육봉사를 했었던 지역아동센터로 향했다. 지역아동센터에 있던 대부분의 아이들은 내 수업을 들었던 학생들이어서 나를 알고 있었을 테지만 반년 만에 만나는 것인데도 날 알아봐 주는 아이들을 보면 그만큼 뜻깊은 순간이 없다. 비록 시험 결과가 좋지 않아 울기도 하고 좌절도 하며, 틀린 문제를 보고 스스로 어이없단 듯이 오답 풀이도 해보았다. 하지만 이미 제출한 OMR카드를 보고 있는다고 달라지는 것은 없기에 약 두 달 뒤에 있을 기말고사로 좋지 않은 결과를 최대한 만회하기 위해 노력하는 중이다. 전국의 모든 학생들에게 결과가 어떻든 자신이 노력한 만큼만은 정말 수고 많았다는 말을 전해주고 싶다.

🙂 고3의 고난

이제 고3이 되면서 몸이 부서질 듯한 힘든 시기를 겪고 있다. 체력이 떨어지고 집중력이 부족하다는 것을 느끼면서, 그 이유를 파헤쳐 보니 여러 가지 요인이 있는 것 같다. 특히 수면 시간이 불규칙하고 늦은 것이 큰 문제로 작용하고 있다. 기숙사의 특성상 23시까지는 의무 자습 시간이 있고, 점호 후에는 새벽 1시까지 자율 자습이 진행된다. 시험 기간이 다가오면서 새벽에도 공부를 하게 되니, 개인 정비를 위한 시간은 더욱 부족해진다. 빨래를 하거나 씻는 등의 개인적인 일로 인해 잠자리에 드는 시간이 자꾸 늦어지게 된다.

이러한 상황에서 보상 심리를 참기 힘든 것도 문제다. 만약 보상 심리를 참지 못하고 바로 잠들지 않는다면, 자습이 끝나는 새벽 1시에 맞춰 다른 기숙사생들이 내려오게 되고, 결국 자는 시간은 1시가 넘어가게 된다. 이처럼 불규칙한 수면 패턴은 체력 저하의 주요 원인이 되고 있다.

운동 부족도 한몫하고 있다. 기숙사에 헬스장이 있지만, 평소에 운동을 하지 않는 나에게는 그곳이 아주 먼 곳처럼 느껴진다. 고3이 되면서 체육 수업이 1시간으로 줄어든 것도 아쉬운 점이다. 하지만 그래도 체육 시간이 있다는 것에 감사하며, 주어진 과제를 최대한 수행하려고 노력하고 있다. 학년이 오르면서 체력이 더욱 필요하다는 것을 절실히 느끼고 있다.

이렇듯, 고3의 생활은 힘든 점이 많지만, 이러한 경험들은 나에게 중요한 교훈을 주고 있다. 체력 관리의 중요성을 깨닫고, 규칙적인 생활습관을 기르는 것이 얼마나 중요한지 실감하고 있다. 앞으로 시간 날 때마다 운동을 하고, 건강한 식습관을 유지하려고 노력할 것이다. 이러한 노력이 나의 학습 능률을 높이고, 고3이라는 힘든 시기를 더 의미 있게 보낼 수 있도록 도와줄 것이라고 믿는다.

2학년 김한결 학생

일주일의 일상

🧑 일주일의 일상

월요일, 틈새 체육대회의 하이라이트인 반 대항 축구 리그전이 열렸다. 첫 경기이기도 하고, 솔직히 축구 실력이 그리 뛰어나지 않아서 긴장감이 가득했다. 상대 팀이 우리보다 먼저 도착해 준비하는 모습을 보니, 처음에는 불안한 마음이 커졌지만, 상대 팀의 실력을 살펴보니 조금 안심이 되었다. 특히 상대 팀의 '에이스' 선수를 제외하면, 그들의 실력이 우리 반과 크게 차이 나지 않는 듯 보였다. 그렇게 마음이 편안해지면서 신발 끈을 고쳐 묶고 경기에 임했다.

경기가 시작되고 기대와 긴장 속에 뛰기 시작했지만, 예상치 못한 실수로 어이없는 실점을 하게 되었다. 그 한 골 때문에 팀이 패배하고, 친구들에게 놀림을 받는 상황이 되었다. 스스로 그 장면을 떠올리면 한숨

4월 * 적응

이 나올 정도였다. 상대 팀에 전혀 타격이 없는 몸놀림이었으니, 나에게도 실망스러울 수밖에 없었다.

이후 일주일 동안 수행평가와 시험에 치이다 보니 금요일이 다가왔다. 사람들은 '불금'이라며 오늘만 버티자고 다짐하지만, 내 마음은 한껏 무거워졌다. 수행평가는 점점 늘어가고, 시험은 가까워지고, 시험 범위는 왜 이렇게 방대해지는지 의아할 뿐이었다. 체력은 이미 바닥이 나고 머릿속은 복잡하기만 했다.

주말에는 운동도 겸해 자전거를 타고 참여하고 있는 연극 회의에 참석했다. 회의에서는 다가오는 연극 대본을 읽고, 부원들과 함께 대본 리딩을 시작했다. 내가 맡은 배역이 조금 부담스러웠지만, 그 부담을 극복해보려 열심히 노력했다. 내 대사에서 풍기는 느낌을 바꾸기 위해 여러 가지 방법을 시도하며 연습에 매진했다. 힘들게 하는 것들이 많지만, 이 모든 경험이 결국 나를 성장시켜 줄 것이라 믿고 있다. 이렇게 바쁜 일상 속에서도 소중한 경험을 쌓아가고 있다. 힘든 순간이 많지만, 그 속에서 배우고 느끼는 것들이 나를 더 나은 사람으로 만들어줄 것이라는 확신이 든다.

🙂 시험 기간이지만

시험 기간이 되어서인지 요즘 자주 피곤함을 느낀다. '학교 수업 - 자율학습 - 집'으로 이어지는 단순하고 반복되는 일정에, 매주 3회 있는 점심 지도까지 겹친다면 너무 힘들다. 학교 내에서 활동하는 것뿐만 아닌 교외 활동에 치여 살다 보면 일주일이 금방 지나간다. 그래서 '나는 도대체 무슨 삶을 살고 있는 거지?', '잘살고 있는 건가?', '공부 너무 안 하는 거 아니야?', '나는 누구를 위해 사는 거지?'라는 생각에 회의감이 든다.

원하는 결과물을 얻어야 할 때도 마찬가지다. 시험 기간인 지금 회의감으로 가득 찬다. 꼭 해야 하지만 하고 싶지 않은 공부, 끝나지 않았으면 하는 25대 학생회와 나를 불안하게 만드는 26대 학생회장단 선거. 시험이 끝난 후 예상되는 나의 기분도 마찬가지로 나를 두렵게 만든다. '지금의 나는 어떻게 살아야 맞는 걸까?' 요즘 들어 그저 남들 하는 대로 사는 느낌이 든다. 시험 기간에 혼자 있으면 무기력하다. 그렇다 보니 시험 기간엔 학교 가는 게 더 좋다. 재미있는 이야기를 하는 친구들과 열정적으로 수업하시는 선생님들을 보면 내가 저절로 밝아지기 때문이다. 피곤함도 잠시 잊는 것 같은 느낌이 들기도 한다. 피곤해도 해야 하는 공부가 너무 싫지만 내 미래를 위한다는 생각으로 꿋꿋이 한다.

학생들이 시험에 대한 회의감과 불안에 가득 차도 우리 학교는 탈 없이 운영된다. 그래도 내가 당진고등학교 학생이라 그런지는 몰라도, 느끼기에는 우리 학교가 생활하기 가장 좋은 것 같다는 생각이 든다. 학생들이 직접 운영하는 매점과 다양한 학생회 사업, 틈새 체육대회 등 몸이 열 개라도 부족할 것 같은 행사들이 있기 때문이다. 4월에는 시험 기간이라 감정 기복이 있다. 한 달 뒤에 진행할 당진고등학교 행사에 대한 기대감을 품고 열심히 공부를 다짐해 본다. 회의감이 들어도 이 한순간이겠지 생각한다. 주어진 일을 하다 보면 불안도 잊고 두려움도 떨쳐내어 새로운 나를 만나지 않을까 기대해 본다.

전반적으로 수면이 부족해서인지 친구들의 분위기가 차분해졌고 신경이 날카로워졌다. 영어 선생님께서는 "너무 졸린데 자지 않으려고 노력하는 모습이 안쓰럽다."라고 하시며 수업을 조금 일찍 끝내주시기도 하였다. 이처럼 학생들이 밤낮을 안 가리고 잠을 줄여가면서 열심히 공부하고 있다.

공부하는 분위기가 형성되었지만, 방과 후에도 공부하는데 학교에서까지 공부하니 체력적으로 너무 힘들었다. 날이 갈수록 몸이 안 좋아지고 웃음이 사라지고 있는 것 같다. 그런데도 매일 시험 날만을 기다리며 공부에 몰입하는 친구들을 보고 있으면 내가 고등학생이 되었다는 사실이 다시 한번 실감 난다. 지금은 아주 힘들지 몰라도 나중에 돌아봤을 때 최선을 다했다는 생각이 들도록 남은 시간만이라도 열심히 공부해야겠다. 남은 시험 기간 동안 힘내서 열심히 공부하자.

1학년 노정현 학생

\# 얼렁뚱땅 학교생활

⋮

🌀 얼렁뚱땅 학교생활

학생회에서 '다모임' 하는 날이다. 이 다모임은 지난번에 진행한 대의원회 회의와는 달랐다. 대의원회에서는 학생회와 학생들이 소통하고 각 반의 이야기들을 들어보는 것이었다면, 이번 다모임에서는 학생회 임원들과 교장 선생님께서 참석하셔서, 교장 선생님의 의견을 들어보기도 하고 각 부서가 이번 연도 사업 계획을 이야기하는 시간이었다. 다들 사업 계획서를 발표하는데 진짜 회사같이 할 사업에 대하여 자세한 예산과 어떻게 실행할지 이야기를 하고 바로 교장 선생님께서 피드백해 주시는 것을 보고, 고등학교인데도 벌써 이렇게 한다는 것에 신기하였고 정말 인상 깊게 다가왔다.

가장 인상 깊었던 사업 계획은 동아리부에서 5월에 실시하는 'e-스포츠 대회'와 '당고신문'을 발간하는 프로젝트였다. e-스포츠 대회에선 내가 관심 있는 게임을 종목으로 한다고 하여 너무 좋았고, 당고신문은 우리 당진고등학교에서 있었던 이야기들을 헤드라인을 정해 진짜 신문처럼 만든다는 것이 정말 인상 깊었다. 그리고 교장 선생님께서 우리가 필요한 것은 바로바로 선생님이나 교장 선생님께 말하라고 하셔서 너무 든든했다. 나가시면서 간식도 챙겨주셨는데 너무 좋아 당진고등학교에 오길 잘했다고 생각하였다. '얼렁뚱땅'이라는 우리 학교 밴드부에서 처음으로 학교에서 버스킹을 하였다. 그 밴드부에는 학교 부회장 형도 있었는데 정말 노래를 잘 불렀다. 그리고 기숙사에서 기숙사생들을 위한 체험학습으로 에버랜드에 가게 되었다. 고등학교에 올라와서 처음으로 가는 소풍이어서 더욱 떨렸다. 기숙사에 너무 잘 들어왔다는 생각이 들었고, 앞으로는 또 어떤 활동들을 할까 더욱 기대됐다.

김주영(2015~2016. 17대 학생회장) 선배님 인터뷰

_ 박희웅

현한이와 구글 미트를 이용하여 인터뷰를 진행했다. 처음 하는 인터뷰라 그런지 어려움이 많았다. 구글미트를 켜는 것과 초대에서 어려움이 있었다. 앞서 다른 선배님과 인터뷰를 진행해 봤던 현한이가 인터뷰를 잘 이끌어 주었다. 질문을 그대로 말하는 것이 아닌, 분위기에 맞게 풀어서 질문하던 것이 인상 깊었다.

당진고 생활에서 인상 깊거나 기억 남는 것들이 있을까요?

항상 공부하러 간다기보다는 내가 하고 싶은 일을 하러 갔어요. 체육관을 점심시간에도 쓸 수 있게 한다거나, 학생끼리 어떤 캠페인을 진행한다든지 이런 것들을 기획하면 선생님들께서 흔쾌히 다 허락을 해주셨습니다. 이런 활동에는 학생회라는 위치에서만 가능했던 것은 아니었어요. 다만, 학생회장이라서 먼저 들을 수 있었고 먼저 움직일 수 있었어요. 다른 학생들도 할 수 있는 것이에요. 예를 들어 동물을 좋아하는 학생이 사육사가 되고 싶은 친구들끼리 동아리를 구성했는데 실제로 교장 선생님께 "우리 학교에 강아지를 키우고 싶다."고 요청해서 강아지 2~3마리를 학교에서 키웠어요.

혁신학교가 지정됨으로써 특별하게 느꼈던 부분이 있을까요?

처음에는 좀 소심하거나 낯을 많이 가리는 친구들은 분명히 어려움이 있었어요. 왜냐하면, 거꾸로 친구들에게 설명과 소개를 해줘야 하는데, 부끄럽거나 해서 불편함이 있었던 거 같아요. 근데 그와 반대로 오히려 공부에 관심이 없었던 친구들도 그 모둠을 이끌어서 가르쳐야 하니까 공부를 해왔었고, 그러면서 성적 자체가 올라갔어요. 전체적으로 애들이 공부를 같이 할 수 있는 환경이 만들어졌고, 저는 원래 시험 1주일 전에 벼락치기를 몰아서 하는 편인데, 저도 친구들을 가르쳐 줘야 하는 입장이다 보니까 평소에도 꼬박꼬박 공부를 하게 되는 장점이 있었어요. 혁신학교로 지정되면서 '거꾸로 수업'이 만들어졌어요. 그 수업은 선생님이 네이버 카페를 이용하여 수업 자료를 수업 전에 먼저 학생들에게 알리고, 학생은 이미 숙지해 와서 수업 시간 선생님을 대신하여 수업을 진행하자고 하셨어요. 그때 당시에는 새로운 수업 방식이라 집중이 더욱 잘 되었어요. 또한 이런 과정을 통해 선생님들과 친구같이 편해지는 느낌을 받았어요.

기획하시거나 진행하신 사업 중에서 기억에 남는 사업이 있을까요?

체육대회에 계주 아이템전을 만들어서 선생님들이랑 같이 게임을 하게 됐었던 일, 소방관이나 경찰관이 꿈인 친구들을 위해서 저희가 직접 경찰관들께 연락을 드리고 같이 마을 방범대를 만들어서 순찰했던 일, 지진 대피 훈련 때도 소방관이 꿈인 친구들이 주도적으로 안내할 수 있는지 선생님께 여쭤보고 실제 그렇게 했던 활동들, 자습서를 도서관에 배치했던 일, 그리고 최초로 쪽문을 열면서 처음이자 마지막으로 선생님들과 갈등이 있었어요.

선생님들은 쪽문을 여는 것에 대해서 반대가 심했고, 안전 문제도 있었고, 그래서 선생님들께 일일이 자필 편지를 써서 설득했어요. 또 안전 문제에 대해서 말씀을 하셨을 때는 학생회 자체적으로 아침에 더 일찍 나와서 학생회가 순찰을 하겠다고 말씀을 드렸고요. 그러면서 또 하나 배워갔던 점은 선생님들을 설득하려면 당연히 마음도 움직여야겠지만, 문제에 대한 대안을 같이 생각해야 했던 점을 그때 처음 깨달아서 그다음부터는 선생님들의 반대가 있으면 그것에 대한 대안을 항상 준비했어요. 그 이후에는 선생님들과의 갈등이나 의견이 부딪치는 일은 없었습니다.

체육대회 계획을 선배님과 학생회끼리 계획하시고,
진행하시면서 회의를 여러 번 하셨을 것 같아요.
과정을 좀 자세하게 알 수 있을까요?

우선 큰 틀을 잡고 그다음에 체육 담당 부서인 친구들한테 넘겼던 것 같아요. 부서별로 정해서 그다음에 필요한 일이 있을 때는 다른 친구들한테 도움을 요청하는 식으로 항상 어떤 일이 있을 때 그 부서에 관련된 팀들과 좀 구체적으로 회의를 했어요. 또한 사업계획서의 초본을 만들었어요. 선생님들을 설득하기 위해 논리가 필요함을 느꼈고 계획, 일시 등을 적어서 사용했어요. 현재에도 사용하고 있는데 그때 체계가 잡혔어요.

**경찰관 순찰 체험에서 교외에 나가서 하셨다고 했는데,
활동에 문제는 없었나요?**

사고나 문제는 없었고, 그 일을 추진하기 전에 이미 학교 전담 경찰관님
들이랑 많은 논의가 있었고 안전 교육도 받았어요. 이미 당진경찰서 측
에서 운영을 하고 있었기 때문에 순찰을 하는데 많은 경찰관들이 붙는
거는 불가능하다, 그래서 엄마순찰대 분들이랑 같이 협업을 해서 해 나
갔던 것 같아요. 그래서 안전사고는 없었고 오히려 많이 좋아하시고 예
뻐해 주셨어요. 또 끝나고 진로 관련된 상담도 해주셨던 좋은 경험이었
어요. 실제로 소방관이랑 경찰관이 된 친구들이 있는데, 그때 경험했던
덕분에 생활기록부의 특별한 경험을 담을 수 있어서 좋았다고 얘기를
해줘서 뿌듯했어요.

**학생회장이셨으니까 선거운동도 당연히 하셨을 거 같은데,
선거 때 내신 공약 혹시 기억나시나요?**

첫 번째로 쪽문을 개방하였고, 자습서 배치와 점심시간 체육관을 개방
하는 것 정도였어요.

선거운동 하실 때 경쟁이 치열했었을까요?

2팀이었고, 굉장히 치열했고, 아직도 기억에 남아요. 원래는 같은 팀으
로 나가려고 했던 친구였는데 그 친구가 안 한다고 해서 제가 다른 친구
를 섭외했어요. 그런데 그 친구가 다시 하겠다고 해서 팀이 2개로 나눠
서 갔었는데, 정말 치열하게 했었어요. 우리를 지지하는 사람들한테는

우리가 만든 스티커를 붙이게 하자고 해서 노란색 2번 스티커를 나눠주면서 선배들도 붙여주고 후배들도 붙여주고 이런 식으로 했었어요.

고등학교 때 이건 조금 아쉬웠던 것 같다거나 조금 후회되거나 그런 부분이 있을까요?

저는 지금도 너무너무 아쉬운 게 선생님들한테 더 조를 걸, 더 뭐든지 하자고 할 걸 그게 너무 아쉬워요. 저는 대학교를 서울로 왔는데 서울에서 생활하다 보면 뭔가 당진에 살았을 때는 거기 있는 것들만 보고 자라와서 생각이 갇혀있었던 것 같아요. 서울에 올라와 보니까 정말 더 많은 경험과 내가 도전해 볼 수 있었던 것들이 있었고, 그래서 그런 걸 겪으면서 '아, 내가 학생 때 이런 것들을 더 선생님들이랑 같이 해봤으면 어땠을까?'하고 많이 아쉬웠어요. 예를 들어, 뮤지컬을 본다거나, 수영장을 간다거나, 아니면 경기를 보러 간다던가 하는 여러 문화 활동을 못한 것들에 대한 아쉬움이 많이 남아요. 또, 학생끼리 캠페인을 만들어서 확산하는 확산시키는 것, 예를 들어서 지구의 날에는 이런 캠페인을 만들어서 이렇게 했었으면 좋았을거라는 아쉬움도 남아요.

선배님 때도 다모임이 있었을까요?

다모임은 없고 저희 때는 수요일에 독서 모임이 매주 있었어요. 창체 시간에 학생회 친구들은 독서모임에 참여를 하지 않고 학생회실에 모여서 회의를 했었고, 아까 얘기했던 것과 같이 뭔가 하고 싶은 게 생각나면 그것에 대해 이야기를 하고 계획을 하고 실행을 했었어요.

**직업으로서나 일상생활에서 당진고등학교 3년 생활하시면서
현재 하는 일에 영향이 있을까요?**

제가 역대 회장들 중에 가장 많은 영향을 받고 있지 않을까라고 생각해
요. 저는 지금 스타트업을 하고 있고, 그 일을 하면서 공공기관 지원 사
업이라든지, 아니면 투자를 받기 위해서 자료를 준비하고 발표를 하는
데, 고등학교 때 수업 방식이 앞에 나가서 이야기하는 것이 많았다는 것
이 도움 되었어요. 그리고 스피치 대회를 굉장히 많이 나갔었기 때문에
당진고등학교 생활을 하면서 굉장히 감사한 경험이라고 생각하고 있어
요. 대학교에 입학해서 1학년 때는 영어 회화나 액셀, 코딩 교육을 이미
학습한 주변 친구들의 능력에 굉장히 기가 죽어 있었는데, 2학년 때는
대학교 수업을 거꾸로 수업처럼 진행하게 되면서 성적도 많이 올랐고
자신감도 얻었어요. 그러면서 과 학생회장도 하게 됐고, 그런 것들이 이
어지면서 회사에 취업하기보다는 내가 할 수 있는 스타트업을 준비해
서 해 보자는 것으로 이어졌기 때문에 저는 그런 경험들이 저한테 가장
큰 영향을 주었다고 생각해요.

그때 정보고랑 호서고의 인식은 어땠나요?

당진고등학교는 입시설명회에 선생님이 아니라 학생이 갔어요. 입시설
명회에 가는 학생을 학교에서 학교 자랑 스피치 대회를 열어 대회 우승
자가 가서 발표하는 형식으로 진행했어요. 그래선지 그때 공부 잘하는
친구들이 다 당진고등학교에 오고 싶어 했었고 그런 것들, 특히 저는 그
게 영향을 크게 미쳤다고 생각을 합니다.

DSP를 알고 계시나요?

대한학생회라는 전국학생회장연합모임이 있는데, 거기에서 합덕여자고 등학교 회장을 만났어요. 당진에도 이런 단체를 만들자고 해서 교육청과 시청의 도움을 받아 단체를 만들었죠. 제가 DSP 1기 멤버이고 합덕여고 회장이랑 같이 만들었어요. 우리는 만들기만 하고 너무 늦게 시작해서 활동은 못했어요. 잘 이어나가고 있다고 하니까 너무 뿌듯하네요.

학교 전체 공지나 학생회가 하는 사업 내용을 전달해야 하잖아요.
학생들한테는 어떤 방식을 사용했는지 알 수 있을까요?

처음에 회장이 되고 나서 바로 그다음 날 했던 것이 당진고등학교 공식 페이스북을 개설하는 거였어요. 그때는 소통할 게 정말 아무것도 없었 어요. 아마 게시물을 보면 저희 게시물이 처음일 거예요. 그때 당시에는 인스타가 없었고 페이스북이 영향력 있었기 때문에 페이스북를 만들고 소통을 많이 하려고 했어요. 또 선생님들은 좀 귀찮으셨을 수도 있는데, 교무실에 가면 방송하는 마이크 있잖아요. 그냥 쉬는 시간마다 "선생님. 저 마이크 좀 쓰겠습니다." 하고 썼었고 결국 나중에는 선생님이 물어보 지 말고 써도 된다고 하셔서 거의 개인 마이크처럼 사용해서 홍보를 했 어요.

현재 당진고등학교 학생들한테 궁금한 게 있으실까요?

일단 우리 때만큼 잘 놀고 있는지 물어보고 싶고, 그리고 못 놀고 있다
면 왜 잘 못 놀고 있는지 물어보고 싶네요. 수퍼숨데이, 그때 당시의 명
칭은 '행복나눔데이'로 수요일이 일찍 끝나는 날이 있어서 좋았어요. 하
지만 자소서가 폐지되고 정시 비중이 늘어나면서 수업 참여율은 떨어
지고 피로가 늘었어요.

선배님께서 느끼시는 당진고란 무엇인지,
학교 다니시면서 그리웠던 순간들이 있으실까요?

그리운 순간은 기숙사 친구들이랑 같이 놀았던 것들이 있고, 인터뷰하
면서 얘기했던 것들이 계속 생각나고, 아쉽고, 더 잘 놀걸 하는 생각이
듭니다. 저는 당진고등학교의 생활이 제 인생을 바꿔줬다고 생각하고,
학교에 대한 애정이 많거든요. 그래서 후배들이나 선생님들이 요청하면
최대한 적극적으로 참여하고 있어요. 그리고 후배들이 저처럼 혜택을
많이 받았으면 좋겠어요. 그만큼 애정이 많이 가요. 사실 제가 후배들한
테 해줄 수 있는 게 많이 없는데, 저는 당진고등학교가 너무 좋거든요.
당진고등학교 앞에 무인 아이스크림 할인점이 하나 있어요. '응응스크
르'라고. 거기를 제가 운영하고 있어요. 근데 그 자리를 본사에서 내주지
않으려고 했어요. 그리고 건물 주인분도 여기에 자리를 내주지 않겠
다고 하셨는데 제가 거의 6개월을 졸랐어요. "그 자리에 가게를 꼭 차리
고 싶다."고. 그 이유 중 하나는 당진고등학교 근처에 문방구가 없어요.
제가 학교 다닐 때 정문 슈퍼라는 문방구가 바로 교문에서 10초 거리에
있었거든요. 지금 편의점이 들어온 그 세븐일레븐 자리요. 기숙사 친구

들이랑 같이 그 정문 슈퍼에 가서 먹었던 것들, 그게 너무 좋은 추억이 었는데. 그런 게 다 없어지는 게 저는 속상했거든요. 그래서 그 자리에 그 가게를 차리게 됐어요. 물론 차리자마자 학교 내부에 매점이 생겼다고 하더라고요. 그래서 이돈언 선생님께 이제 경쟁업체라고 농담도 주고받았던 게 기억나는데, 저는 그 정도로 학교를 생각하고, 학교에 대한 애정이 크기 때문에 아쉬움이 남는 것을 그런 식으로 표현하며 해소하고 있어요.

그때 당시에는 학교에 입학하기 위해서는 교과목 시험과 면접을 보는 전형이 있었다는 얘기를 들었습니다.

당진고등학교에 입학하는 학생들이 다 그 시험을 봐야 하는 게 아니라 100~200명 정도만 먼저 선발하는 것이에요. 그래서 그 정도만 시험을 보고 들어왔던 거라 그 다음번에는 이렇게 들어온 친구는 없었던 걸로 알고 있기는 한데 저도 잘 모르겠어요. 저희 때는 그 제도가 최초로 만들어져서 최초로 그 전형으로 들어왔던 친구들이 있었어요.

< 인터뷰 2차 진행 >

"선생님, 저 주영 선배님 인터뷰를 개인적으로 한 번 더 하고 싶어요. 그리고 글 작성해도 될까요?"

전화로 은지가 한 말이다. 너무 기뻤다. 이 인터뷰 과정이 그저 해야 할 과제로 인식되지 않고 자신의 삶에 적용하려는 생각과 주도적인 마음을 느꼈기 때문이다.

학생들의 행복에 민감하다

　당진고등학교의 큰 장점 중 하나는 학생들의 행복에 민감하다는 점이다. 선배님께서도 학교를 다니면서 이 부분을 많이 느꼈다고 하셨다. 선생님들께서 '어떻게 하면 공부를 잘할 수 있을까?'보다는 '어떻게 하면 학생들이 행복하게 학교를 다닐 수 있을까?'에 대해 깊이 고민하신 것 같다고 말씀해 주셨다. 그래서 선생님들은 학생들의 '행복'이라는 단어에 굉장히 민감하게 반응하셨다.

　지금도 당진고등학교 선생님들이 학생들의 행복에 예민하신 것 같지만, 학생들은 대학 입시로 인해 행복함을 느끼지 못하는 경우가 많다고 생각한다. 선배님의 이야기를 듣고 보니, 혁신학교의 상징적인 단어가 바로 '학생들의 행복'이라는 걸 다시금 깨달았다. 요즘 고등학생들은 대학 입시가 인생의 전부라고 느끼기 때문에, 학교생활에서 행복을 느끼기가 참 어렵다.

그럼에도 불구하고, 혁신학교라는 이름으로 10년 동안 이어오면서 학생자치회의 활성화, 수업 방식 개선, 학교 행사 운영 방식의 변화 등으로 학생들이 소소한 행복이라도 느끼고 있다는 건 정말 의미 있는 일이다. 당진고등학교의 운영이 바뀌는 동시에 학생들의 입시 환경도 변화하고 있는데, "지금의 10년 차 학생들은 '행복'이라는 감정에 무뎌지고 있는 게 아닐까?"라는 생각이 든다. 함께 웃고, 고생하며, 협력하고 소통하는 학교가 되어야 한다. 대학 입시로 인해 웃음을 잃어가는 학생들, 1년 차 학생이든 10년 차 학생이든 모두 우리 학교의 일원이다. 대학 입시로 지쳐 있어도, 학생들이 조금 더 웃을 수 있는 학교를 만드는 것은 학생들뿐만 아니라 모두의 노력이 필요하다.

26대 회장이 되면서 생긴 목표는 '학생들이 조금 더 웃고 행복하게 생활하도록 노력하는 것'이다. 고등학생으로서 공부를 해야 하는 건 맞고 당연하지만, 공부만 하는 게 아니라 웃으며 밝게 생활하고, 하고 싶은 것도 하며 원하는 것을 배워나가는 것이 고등학생에게는 당연한 권리라고 생각한다. 이제는 학생들의 공부를 강압적으로 강요하는 학교는 없어야 한다. 정시의 비중을 늘린다며 학생들을 공부에 몰아넣는 우리나라의 교육체제가 참 씁쓸하지만, 혁신학교라는 제도 덕분에 학생들이 숨을 쉬며 학교를 다닐 수 있지 않나 싶다.

나는 우리 학교가 혁신학교라서 정말 좋다.

5월

*

황금기

조르주 쇠라 <그랑드자트 섬의 일요일 오후>

어떤 가장 최적화된 순간을 경험할 때가 있습니다. 우연한 사람들이 모여 각자의 능력 중 서로에게 부족한 점을 자연스럽게 채워주는 순간. 나는 가끔 띄엄띄엄 실수하는 부분이 있는데, 그 부분을 최대한 자신이 한 것을 드러내지 않으면서 항상 있는 공기처럼 채워주는 때가 있습니다. 물론 나도 타인에게 그런 사람이고 싶습니다. 그런 순간은 자주 오지 않지만 깨닫지 못할 뿐, 생각보다 빈번하게 일어납니다. 사람들은 얽혀 삽니다. 기대어 삽니다. 나는 누군가에게, 그 누군가는 또 다른 누구에게….

점묘화로 유명한 조르주 쇠라 작품의 점들은 서로 보완관계를 이루고 있습니다. 당시에 오래된 태피스트리를 복원한 프랑스 화학자가 있었는데 그는 복원하는 방법을 연구하면서 섬유의 주위에서 색상들의 영향을 고려하는 것을 알게 되었다고 합니다. 주변의 염료를 알아야 정확한 색상을 알 수 있다는 것과 사람이 한 색을 본 뒤에 보색의 잔상이 나타난다는 사실, 이러한 보색의 잔상 효과는 망막의 지속성 때문이라고 밝혔습니다. 묘사할 때 물체의 색을 칠하는 것과 함께 조화를 위해 색상을 추가하여 조정하는 것을 조언하였으며 이 조화를 이용한 작품이 쇠라의 점묘화입니다.

그의 작품은 점과 점이 상호 보완적인 관계를 이루는 것을 보여주는 작품입니다. 조르주 쇠라는 '미술은 조화다. 조화는 톤이 비슷하거나 요소들에서, 그리고 색채와 선에서 유추한다. 명랑함과 고요함, 슬픔의 혼합에서 이러한 것들이 빛의 영향과 지배 아래 있음을 생각하면서 말이다.'라는 글을 남겼습니다. 이것에서 쇠라의 조화에 대한 생각을 엿볼 수 있습니다.

조화롭다는 것은 서로 다름을 인정하고 그 영향에 대해 아는 것이라고 생각합니다. 눈치채지 못하더라도 나의 에너지는 누군가에게 영향을 주고 타인의 에너지는 나에게 영향을 줍니다. 서로의 공존을 위한 태도와 방식은 그래서 인간에게 중요한 가치입니다. 협력의 힘을 참 많이 느낍니다. 혼자서 할 수 있는 일이 별로 없기에 타인과의 조화를 통해 무언가를 생산하고 노력하는 과정이 삶에 의미를 부여해 줍니다. 하나하나의 점이 모여 어떠한 형상을 완성한 조르주 쇠라의 작품은 공존의 아름다움을 느끼게 합니다.

교사 이준민

틈새체육대회, 대회 결승을 직관하다 # 스승의날, 학생들에게 배우다
행복나눔데이 # 학교에서 삼겹살을 먹는다고? # 사제동행 배드민턴 대회
이돈언선생님 인터뷰

당진고등학교 틈새 체육대회는 전통적인 체육대회와는 다른 독특한 형식으로 진행되는 행사로, 학생들이 다양한 스포츠와 활동을 통해 창의성과 협동심을 기를 수 있는 기회를 제공한다. 이 대회는 일반적인 경기 외에도 다양한 틈새 종목과 프로그램이 포함되어 있어 학생들의 흥미를 끌고, 참여를 유도한다. 틈새 체육대회는 보통 다음과 같은 특징이 있다.

▢ 다양한 종목: 전통적인 스포츠 외에도 학생들이 쉽게 접근할 수 있는 다양한 비경쟁적인 활동이 포함된다. 예를 들어, 배드민턴, 미니 축구, 그리고 팀워크를 강조하는 게임들이 진행된다.

▢ 팀워크와 협동: 학생들은 팀을 이루어 다양한 활동에 참여하며, 서로 협력하고 소통하는 방법을 배운다. 이러한 과정은 친구들과의 유대감을 강화하고, 사회성을 기르는 데 큰 도움이 된다.

□ 응원과 화합: 대회 기간 학생들은 서로를 응원하며, 학교의 단합을 느낄 수 있는 기회를 갖는다. 각 팀의 응원전은 대회의 분위기를 더욱 뜨겁게 만들며, 학생들의 사기를 높이는 데 기여한다.

당진고등학교 틈새 체육대회는 학생들에게 스포츠의 즐거움을 느끼게 하고, 건강한 경쟁과 협동의 가치를 배우게 하는 소중한 경험을 제공한다. 이 행사는 학생들이 학교생활에서 잊지 못할 추억을 만들고, 서로의 관계를 더욱 돈독히 하는 기회가 된다.

🧑 틈새체육대회, 결승을 직관하다

월드컵 경기 같은 축구 경기를 보는 것도 좋아하지만, 축구를 하는 것도 좋아한다. 학창 시절에도 마찬가지였다. 기초조사서에 취미를 작성해야 하는 칸이 있으면 주저 없이 '축구'를 적었다. 워낙 축구를 좋아하다 보니, 그와 관련한 친구들과의 추억이 많다. 요즘 방송에서 말하는 것처럼 나름 '축잘알'(축구 잘 알고 있는 사람)이라는 자부심이 있던 나는 쉬는 시간이 되면, 친구들과 머리를 맞대고 다른 반과 대결할 우리 반 선수들의 포지션을 공책에 작성했다. 그리고 항상 축구를 하기 위해 빠르게 밥을 먹고 운동장에 내려갔다. 점심시간이 끝나고 오면 땀에 절어 교복 와이셔츠를 벗고 반팔 티셔츠만 입고 있다가 담임선생님께 혼나기 일쑤였다. 그런데도 나는 그게 참 좋았다. 축구는 학업 스트레스의 큰 배출구였기 때문이다.

　물론 학업이 학교의 역할에서 큰 부분을 차지한다. 그렇지만, 학생들이 학업 스트레스를 해소하고 건전한 사회성을 가지도록 지도하는 것 또한 학교의 큰 역할이다. 오늘 본 학생들의 스포츠클럽 활동으로 학교가 이런 역할을 할 수 있을 것 같다. 점심을 먹고 열면 응원 소리가 들려서 나가 보았더니 마침 2학년 3반과 다른 반의 결승전이라고 한다. 사실 나도 이 경기를 기대하고 있었다. 시험 전에 준결승전까지 보았고, 결승전이 열리면 보러 갈 생각이었기 때문이다. 올해 나는 담임을 맡지 않았다. 하지만 사회·문화 과목을 가르치러 2학년 3반에 자주 들어가 나름의 소속감이 있다. 마침 2학년 3반 학생들이 결승에 진출해 있었다. 언뜻 보면 학생들끼리의 경기이지만, 그들은 마치 선수가 된 것처럼 치열하게 뛰어다니고 있다. 나도 그래보아서 잘 안다. 결국 2학년 3반이 우승했다. 교내에서 한 작은 대회이지만 학생들은 세상을 다 가진 듯한 표정을 하고 있었다. 그게 참 보기 좋았다.

　지금은 모르겠지만, 이 순간은 평생 남는 추억이 될 것이다. 학창 시절 친구들과 시간을 내 만날 때면 누가 잘했니, 못 했니 이야기를 지금까지 한다. 생각보다 이러한 추억들은 성인이 되고 나서는 가지기 힘들었다. 대학교에서의 인간관계는 더 어릴 때보다 형식적이었다. 전역 후에도 마찬가지다. 이처럼 더 이상 학창 시절 친구들만큼 순수한 관계를 유지하기는 어려웠다. 학생들은 와닿지 않겠지만, 오늘의 추억은 아이들이라서 가질 수 있는 가장 소중한 기억이 될 것이다. 그렇게 생각하니 뭉클하다. 이 소중한 기억을 오래오래 간직했으면 좋겠다.

🧑 스승의 날, 학생들에게 배우다

올해 5월 15일은 스승의 날이기도 하지만 석가탄신일이기도 하다. 휴일이라 학교에 출근하지 않아도 되는 날이지만, 내일 있을 '행복나눔데이'를 우리 부서에서 주관하기 때문에 이에 필요한 천막이 잘 설치되어 있는지, 바람에 날리지는 않는지 확인하러 학교 운동장에 잠깐 방문했다. ('행복나눔데이'가 무엇인지는 이를 주제로 한 글에서 소개해 두었다.)

천막이 잘 설치되어 있는 것을 확인하고, 안도하며 막 집으로 돌아가려 할 때 교문 앞에서 익숙한 얼굴의 학생들을 발견했다. 두 명은 내가 가르치는 과목을 수강하고 있는 학생들이었고, 한 명은 함께 혁신학교 기록물을 작성하고 있는 학생이라 누구인지 한눈에 알아볼 수 있었다. 올해 당진고등학교에 처음 오기도 했고, 담임을 맡지 않아 잘 아는 학생들은 많지 않다. 그래서 그런지 이 학생들이 더욱 반가웠다. 잠깐 밥을 먹으러 나가는 길이라고 한다. 갑자기 의아해졌다. '휴일인데 왜 학교에 있지?' 그래서 혹시 기숙사생인지, 그렇지 않다면 왜 학교에 온 것인지 물어보았다. "오늘 쉬는 날인데, 왜 여기 있니?", "연극 동아리 연습하러 왔어요! 8시에 와서 오늘 오후 4시까지 하고 가요! 엄청 부지런하죠?" 3명의 학생이 마치 짠 듯이 자랑스럽게 말했다. 깜짝 놀랐다. 앉아서 열심히 수업을 듣는 모습만 보아서, 학생들이 연극하고 있는 모습을 상상하기 어려웠다.

또한 놀란 이유는 그들이 가진 열정 때문이다. 어리다면 어린 나이인 고등학교 2학년 학생들일지라도, 자신이 좋아하는 것에 이렇게까지 몰두할 수 있다는 사실에 감탄했다. 저번 버스킹을 보고 나서의 벅차오름을 다시 한번 느꼈다. 어떤 방면에서든 꾸준하게 자신의 성장을 위해 노력한다는 것은 치켜세워줘야 할 점이다. 나는 학창 시절 공부해야 한다는 핑계로 그러지 못했다. 사실 그것은 내가 좋아하는 것을 꾸준하게 할 수 있는 열정이 부족했기 때문이다. 이런 열정의 측면에서 이 세 친구가 나보다 낫다. 그런데도 교직에 들어온 후 학생들을 어리게만 바라보았다. 오늘, 이 아이들을 만나면서 학생들도 충분히 노력할 수 있고, 자율성을 가질 수 있다는 것을 이전보다 더 수긍하게 되었다. 다만, 이렇게 자율성을 가진 학생들이 어른이 되어 잠재력을 터뜨릴 수 있도록 인도해주는 것이 학교의 또 다른 역할인 듯싶다.

🧑 행복나눔데이, 학교에서 삼겹살을 먹는다고?

당진고등학교의 '행복나눔데이'는 학생들이 함께 모여 즐거운 시간을 보내는 특별한 행사다. 이날, 전교생은 교정에서 삼겹살을 구워 먹으며 소통하고 친목을 다지는 기회를 갖는다. 행사는 학생들이 자발적으로 참여하여 서로의 우정을 나누고, 학교생활의 스트레스를 해소하는 데 큰 도움이 된다. 삼겹살을 구워 먹는 활동은 단순한 식사 이상의 의미를 지니며, 학생들 간의 유대감을 강화하고, 학교 공동체 일원으로서의 소속감을 느끼게 한다.

행사 준비 과정에서도 학생들은 팀워크를 발휘하여 재료를 준비하고,

그릴을 설치하며, 안전하게 음식을 조리하는 방법을 배우게 된다. 이러한 경험은 학생들에게 협력의 중요성을 일깨워 주고, 즐거운 추억을 만들어 준다. 행복나눔데이는 단순한 먹거리를 넘어, 학생들이 서로의 행복을 나누고, 긍정적인 학교 문화를 형성하는 데 기여하는 소중한 시간이다.

당진고등학교의 1회 고사가 마무리되고, 학생들이 즐길 수 있는 학교의 행사가 여럿 열리고 있다. 여러 행사 중에서도 가장 큰 행사라고 할 수 있는 '행복나눔데이'가 찾아왔다. 정식 명칭은 '행복나눔데이'이지만, 학생과 교직원들에게는 '삼겹살데이'라는 별칭으로 더욱 잘 알려져 있다. 말 그대로 전 교직원과 학생들이 학교에서 삼겹살을 구워 먹는 날이기 때문이다. 이 행사는 관례로 체육대회 전날에 행해왔다고 한다. 올해도 역시 체육대회 전날에 행사를 진행했다.

물론 삼겹살을 구워 먹는 상상만 해도 기분이 좋다. 그래서 좋은 날이라는 것과 별개로, 이 행사가 나에게 큰 의미가 있는 또 다른 이유는 우리 창의인성혁신부의 올해 주요 업무 중 하나이기 때문이다. 당진고등학교에 발령받고 '교육과정 함께 만들기 주간'에 참여했을 때부터 올해 있을 '삼겹살데이'에 대해 다른 선생님들이 언급하는 것을 들었을 정도로 관심이 큰 행사이다. 학생들이 행사에 크게 만족하고 있기 때문이다. 그 만족을 충족시키기 위해 정말 많은 준비가 필요했다.

우선 별칭 '삼겹살데이'인 만큼 학생들과 전 교직원이 삼겹살을 즐기려면 엄청난 양의 고기가 필요하다. 고기만 필요한가? 고기와 함께 곁들일 음식들도 필요하다. 또한 교직원과 학생이 햇빛을 피해 편하게 자리

잡을 수 있도록 천막도 필수다. 이 모든 것을 위해 모두가 각자의 위치에서 노력했다. 급식실에서는 쌈장, 채소 등 곁들일 음식들을 준비했고, 우리 부서에서 계획과 학생 안전교육을 맡았다. 학생들끼리 가스를 사용해야 하는 만큼 각반 담임선생님에게 협조받아 빈틈없이 준비했다. 어제 비도 오고 바람도 많이 불어 걱정했지만, 다행히 비와 바람이 잦아들었다. 하늘도 도와준다. 이제 모두가 즐길 일만 남았다.

아침에 출근하면서 학생들이 각자 돗자리, 집게, 라면 등 필요한 도구와 물품을 챙겨 다들 들뜬 표정으로 등교하는 것을 보았다. 오전에는 정상 수업이 진행되었는데 학생들이 너무 들뜬 나머지 수업 진행이 어려웠다. 놀 때 놀고 공부할 때 공부할 수 있으면 좋겠지만 아이들은 아이들이다. 하지만 기분이 나쁘기보다 오히려 다행이었다. 이렇게 활발한 아이들에게 행복을 줄 수 있는 날이었기 때문이다. 다들 기분 좋게 삼겹살을 먹고, 누가 지도하기 전에 주변 정리를 하고 돌아가는 모습을 보면서 이런 행사를 자주 가질 필요가 있다는 생각이 들었다. 여러 이유가 필요하기보다는, 학생들이 '행복'을 가질 수 있기 때문이다.

🧑 사제동행 배드민턴 대회

며칠 전 한 여학생이 교무실 앞에 찾아왔다. 난 마침 그 앞에 있었는데, 교무실 앞에 붙어있는 사진을 보고 이 학생이 다른 선생님에게 "이분이 준민쌤이세요?"하고 묻는 것을 들었다. 의아해 학생에게 나를 왜 찾는지 물어보니 같이 배드민턴을 치잔다. '누군지도 모르는 아이가 와서 왜 배드민턴을 치자고 하는 거지?' 속으로 생각했다. 몇 마디를 더 해보니 그 말의 의미를 깨달았다. 바로 그보다 며칠 전 공지된 '사제동행 배드민턴 대회'에 같이 참가하자는 것이었다. 사제동행 배드민턴 대회는 학생 한 명, 교사 한 명으로 한 팀을 구성해 배드민턴 복식 경기를 하는 대회이다. 다들 실력이 다르기에 조별로 편성하여, 각 조 내에서 순위를 가른다.

사실 나도 배드민턴을 좋아해 동료 선생님들과 여러 번 함께한 적이 있다. 그런데도 대회 참가를 망설였던 이유는 내 실력이 대회에 나갈 만큼 좋지는 않다는 것을, 객관적으로 파악하고 있었기 때문이다. "나 그렇게 잘 치지는 못하는데 괜찮겠니?" 학생이 대답했다. "당연하죠 쌤!" 이 한마디에 나는 흔쾌히 참가를 결정했다. 다만 배드민턴 동아리 주장을 맡고 있다고 한 학생은 내가 걱정되었는지 "운동복이랑 운동화는 있으시죠?"라며 확인까지 받고 돌아갔다. 이후 같이 연습해 볼 기회를 한 번 정도 가졌는데, 오히려 학생이 내 실력이 점점 늘고 있다고 기운을 북돋아주어 자신감을 가지고 연습할 수 있었다. 누가 교사이고 누가 학생인지 잠시 헷갈리는 순간이었지만 그래도 고마웠다.

그렇게 연습을 마치고 결전의 날이 밝았다. 남교사-여학생 혹은 여교사-남학생 조합으로 20팀 이상 참가하였고, 평소 실력을 고려해 A조부터 D조까지 각자의 조가 편성되었다. (A조로 갈수록 실력이 좋은 팀들이었는데, 나는 학생의 실력 덕분에 B조에 속하게 되었다.) 경기가 시작하기 전 준비운동을 위해 모여 있으니, 왠지 모르게 떨려왔다. 학생도 내가 떨고 있는 것이 보였는지 날 진정시켜주었다. 드디어 첫째 판, '나만 잘하면 된다.'라는 생각으로 경기에 임했다. 하지만 몸이 뜻대로 따라주지 않는다. 연습했던 만큼 실력이 나오지 않아 첫판을 접전 끝에 지고 말았다. 두 번째 경기는 교사와 학생이 모두 어느 정도 실력자인 이른바 고수팀을 만났다. 첫 번째 경기에서는 그나마 1~2점 정도 아쉽게 뒤졌었는데, 두 번째 경기에서는 거의 두 배의 점수 차로 패배하고 말았다.

그런데 단지 결과가 조금 아쉬웠을 뿐 전혀 기분은 나쁘지 않았다. 왜냐하면 이 학생과 점점 친밀해지는 것이 느껴졌기 때문이다. 평소에 내 수업을 들은 적이 없는 학생이어서 배드민턴이 아니었다면 이 학생이 졸업할 때까지 서로 한마디 말도 못 해보았을지도 모른다. 하지만 점수 차가 벌어지더라도 학생과 나는 누가 먼저랄 것도 없이 연거푸 '파이팅!'을 외치며 기운을 불어넣으려고 노력했고 격려했다. 그래서일까? 반전이 일어나기 시작했다. 세 번째 경기부터 조금씩 호흡도 맞아가고, 내 실력도 좋아졌다. 그리고 3개의 게임을 내리 이겨, 3승 2패로 B조 내에서 3위에 이름을 올릴 수 있었다. 이 덕에 학생에게 조그마한 상품이라도 안겨줄 수 있었다.

물론 배드민턴 경기가 주된 행사였지만, 그 이상의 추억거리를 얻었다.

경기를 같이 치르면서 끈끈한 정도 쌓았고, 쉬는 시간에는 학생과 함께 단상 위로 올라가 폴라로이드 사진도 찍었다. 진이 빠져 눈이 풀려 있는 내 사진이 당진고등학교 학생회 SNS에 게시되어 있는 것을 보기도 했다.

임용시험 2차 면접을 준비할 때, 답변을 연습하면서 학생들의 스트레스 감소를 위해 어떤 것을 해야겠냐는 질문을 받은 적이 있었다. 그런 질문을 받을 때면 자동으로 '사제동행 프로그램'이라고 답했다. 그런데 왜 교육 현장에서 그렇게 사제동행 프로그램을 강조했는지 와닿은 적은 처음이었다. 학생과 정말 잊지 못할 추억을 만들게 된 하루였다. 물론 담당하는 교과 측면에서의 협력도 좋지만, 예술과 체육 등 다양한 분야에서 학생과 서로 협력할 기회가 더 생긴다면 학생과 교사 모두 한 층 성장할 것이라고 확신한다.

🖼 이돈언 선생님 인터뷰

지금 작성하고 있는 모든 글은 당진고등학교의 혁신학교 10년을 기록하는 도서에 수록될 것이다. 그래서 당진고등학교에서 겪는 인상 깊은 일들을 기록으로 남겨놓고 있다. 하지만 교사가 된 지는 고작 3개월뿐이고, 마찬가지로 이 학교에서 시간을 보낸 지도 얼마 되지 않았다. 한편으로는 궁금했다. '과거의 당진고등학교는 어떤 모습이었을까?' 마침 옆자리에 앉아 계시기도 하고, 기록물을 같이 작성하는 선생님도 당진고의 현재와 동시에 과거 또한 궁금하다고 이야기하시면서 아이디어를 내셨다. "당진고등학교에 오랫동안 계셨던 선생님을 인터뷰해보는 건 어때요?" 나는 아주 좋은 경험일 것이라고 생각하여 한 치의 고민도 없이 동의했다.

인터뷰 대상은 당진고등학교 바로 옆에 위치한 학교인 당진정보고등학교에서 근무하고 계신 이돈언 선생님이었다. 주변 선생님들께 이야기를 들어보니 이돈언 선생님은 당진고등학교에서 20년 이상 근무하고, 혁신학교 10년 역사의 한 축을 담당했던 전설과 같은 분이셨다. 마침 이돈언 선생님이 몇 년 전에 당진고등학교의 성장 과정을 기록하셨던 글이 있어 그것을 참고하여 부장님과 함께 질문지를 작성하고 일정을 잡았다. 교사의 입장에서 다른 교사를 인터뷰해 보는 것은 처음인지라, 기대 반 걱정 반이었다. 하지만 인터뷰를 시작하자마자 그것은 기우에 불과했다는 것을 깨달았다.

부장님과 주변 카페에서 음료를 시켜놓고 긴장된 마음으로 이돈언 선생님을 기다린 지 몇 분 되지 않아, 곧 선생님께서 오셨고 앉으시자마자 당진고등학교에 관해 가감 없이 이야기보따리를 풀어놓으셨다. 선생님께서 당진고등학교에 처음 부임하셨을 때는 지금과 사뭇 분위기가 달랐다고 한다. 그때의 분위기를 '매일 유리창 깨지는 소리가 나는 학교'라고 비유하셨다. 그렇다면 어떻게 지금과 같이 '유리창이 깨지는 소리가 나지 않는 학교'가 되었을까? 선생님께서는 이 비결로 그 후 학교에 부임했던 교장 선생님을 꼽으면서 관리자의 역할이 중요하다는 점, 학생의 행복을 최우선에 두어야 한다는 점을 강조하셨다.

인터뷰를 진행하다 보니, 순간 알아차린 점이 있다. 그것은 바로 질문지가 굳이 필요하지 않았다는 것. 선생님께서는 세 시간에 달하는 시간 동안 당진고등학교의 과거, 미래에 무엇을 추구하는 것이 바람직할지 본인의 의견을 쉬지 않고 이야기해 주셨다. 비록 지금은 다른 학교에서 근무하지만, 당진고등학교에 큰 애정이 느껴졌다. 오후 4시 반 즈음부터 인터뷰를 시작했었는데, 7시 반까지 인터뷰가 진행되었고 감사 인사를 하고 일어나려는 찰나 근처 유명한 중국집에서 밥을 사주시겠다고 하여 늦은 시간까지 이야기를 나누고 자리가 마무리되었다.

그동안 글로만 보았었는데, 오늘 인터뷰를 통해 마치 그림처럼 지난 당진고등학교의 모습을 머릿속에 그렸다. 교사로서도 그렇지만, 근무하는 학교에 책임감을 가지고 학생들의 행복을 위해 열정을 쏟아붓는 것은 사람 대 사람으로서 그분이 존경스러웠다. 사주신 짬뽕을 맛있게 먹고 집으로 가는 길에 어떤 교사가 되어야 학생에게 행복을 줄 수 있을지 고민하게 되었다.

교사 임계은

\# 행복나눔데이 \# 체육대회와 자아효능감

🧑 행복나눔데이

우리 학교는 지난 10년 동안 '행복나눔데이'를 운영해왔다. 이 행사는 '삼겹살데이'라는 별칭으로 불리며, 학교에 적응한 후 5월 중순에 진행된다. 다음 날에는 체육한마당이 있어 학생들이 가장 기대하는 날 중 하나다. 이날에는 전교생과 교직원이 모두 본교 교정에서 삼겹살을 구워 먹으며 소통하는 시간을 가진다. 처음 이 행사를 듣고 '다 같이 모여 삼겹살 먹는 것이 무슨 대수냐.'고 생각할 수도 있지만, 실제로 경험해 보면 그 시간의 의미를 깊이 느낄 수 있을 것이다.

5월은 어색함이 사라지는 시점이긴 하지만, 여전히 서로 잘 모르는 경우도 많고, 낯가림이 심한 학생들은 대화를 나누지 못한 채 지낼 수도 있다. 그러나 행복나눔데이를 함께 경험하고 나면 신기하게도 교육공동체 모두가 서로 더 다정해지는 느낌을 받을 수 있다.

물론 나도 처음에는 삼겹살을 밖에서 굽고 치우는 과정이 번거로워 귀찮다는 생각도 했었다. 하지만 작년의 경험을 떠올려보면, 앞자리에 앉아 있는 선생님과 함께 밥을 먹을 기회가 별로 없었는데, 준비 과정에서 협의도 하고 상을 차리고 고기를 구워 먹는 사이에 자연스럽게 대화가 오갔다. 이런 과정에서 서로 친해질 수 있는 계기가 마련되었다. 또한 역할 분담을 하며 서로를 배려하는 모습에서 따뜻한 정을 느끼기도 했다.

함께 무언가를 한다는 것은 정말 중요한 일인 것 같다. 특히 음식을 나누어 먹는 과정은 사람들을 기분 좋게 하고 친밀감을 싹트게 하는 힘이 있다. 그래서 이 행사가 10년이나 지속되어 온 것이 아닐까 싶다. 이번에도 준비를 하면서 여러 가지 우려가 생기고, 혹시 비가 오지 않을까 걱정도 되지만, 작년의 분위기를 떠올리며 철저하게 준비하려고 한다. 작년에 한 번 해본 덕분에 머릿속에 대략적인 그림은 그려지지만, 놓치는 부분이 있을까 염려되기도 한다.

행복나눔데이에 관련하여 교직원에게 쿨메신저를 보냈고, 그에 대한 몇 가지 의논할 내용으로 전화가 왔다. 쿨메신저를 통해 내용을 보낼 때는 신경을 많이 쓰게 된다. 글 안에 내용이 충분히 설명되고 있는지, 각 교직원들의 입장을 배려하고 있는지 등 많은 요소를 고려하게 된다. 학교가 크다 보니 총 80여 명의 교직원께 단체로 메시지를 보내는 일은 단어 하나하나에 신중을 기하게 된다. 오해가 없도록 하고 싶기 때문이다. 그렇게 여러 번 고민해서 메시지를 보내고 나서도 이렇게 연락이 온다. 지난번에 학년 부장님들과 협의한 내용 중에 고려하지 못한 부분에 대한 피드백이었다. 이를 위해 추가로 대안을 생각하여 다시 전체 메시지를 발송했다. 한 번에 모든 내용을 전달했으면 좋았을 텐데 아쉬운 마음이 남는다. 그래도 이러한 과정을 통해 미리 수정할 수 있다면 행사 당일에는 불편함이 줄어들 것이라는 긍정적인 생각을 하기로 했다.

학교 전체 구성원이 참여하는 행사이다 보니, 선생님들 각자의 위치에서 협조해 주는 부분이 눈에 띈다. 예를 들어, 천막 위치에 대한 논의는 작년의 경험을 바탕으로 어느 곳에 배치하는 것이 좋을지, 오르막길에서는 진행할 수 없으니 제외해야 한다는 의견이 나오는 등 학생들의 인원에 맞춰 몇 개를 설치해야 할지에 대한 협의가 세밀하게 이루어지고 있다. 주차 구역과 소음 문제를 예방하기 위한 방법까지도 지난 경험을 토대로 섬세하게 이야기해 주신다. 역시 사람은 협력이 필요하다. 혼자서는 아무리 애써도 놓치는 부분이 생기기 마련인데, 함께 고민하면 좋은 방향을 찾고 무리가 되지 않는 지점을 발견할 수 있다. 사소한 것이라도 서로에 대한 배려를 느낄 때면 마음이 포근해진다.

행복나눔데이 전날, 비가 내렸다. 어린 시절 소풍 가기 전날에 소풍날 비가 올까 걱정하던 기억이 떠오른다. 비가 오면 야외에서 하는 행사들은 많은 어려움을 겪게 된다. 전날, 천막을 설치하는 업체에서 연락이 왔다.

"선생님, 밤에 바람이 많이 불어서 천막 몇 개가 쓰러졌어요. 내일 몇 시부터 행사하나요?"

행사 당일에는 비 소식이 없지만, 전날의 비로 인해 걱정이 앞선다. 그러나 행사 당일 아침, 하늘은 언제 그랬냐는 듯 맑은 모습을 드러냈다. 오히려 비 덕분에 더운 날씨는 시원해졌고, 공기조차 상쾌했다. 미세먼지도 없고, 야외 활동하기 좋은 날이 되었다. 날씨 앱을 계속 확인하며 비 소식이 없는지 체크했는데, 예전에는 인터넷이 없던 시절에 얼마나 마음을 졸이며 날씨가 좋기를 기도했었는지 기억이 난다. 푸르고 맑은 5월의 계절을 만끽하며, 행사의 반은 날씨라는 생각이 든다. 지난번에 비가 오는 어린이날, 아이와 함께 행사에 참석했지만 제대로 즐기지 못하고 추적추적한 날씨처럼 우울한 하루를 보냈던 기억이 떠오른다. 하지만 오늘은 다르다. 맑은 하늘 아래에서 모든 준비가 순조롭게 진행되기를 바라며, 행복나눔데이가 기대되는 순간이다.

행사 당일, 각자 자신이 해야 할 일들을 챙기기 시작하며 서로를 배려하는 모습이 곳곳에서 보였다. 조금이라도 어려운 일을 피하려는 것이 아니라, 누군가 무거운 것을 들고 있으면 서로 도와주고, 필요한 것이 무엇인지 소통하며 함께 챙기는 모습이 정말 보기 좋았다. 당진고등학교의 교직원과 학생들은 대부분이 먼저 나서서 행동하려는 모습이 많다.

어떤 조직이나 학교에는 그곳만의 문화가 존재한다. 내가 하면 손해라고 인식하는 단체도 있는 반면, 돕고 먼저 하는 것이 미덕이라고 여기는 단체도 있다. 당진고등학교는 후자에 해당한다. 이곳의 학생들과 교직원들은 학교 일을 적극적으로 돕고자 하며, 여건이 되면 스스로 먼저 나서서 어려운 일을 하려고 한다. 이러한 문화가 형성된 시작점은 정확히 알 수 없지만, 한 사람의 작은 배려가 다른 사람에게 이어지면서 자연스럽게 확장된다. 당진고등학교의 큰 장점은 바로 이런 보이지 않는 문화에서 비롯된다. 서로 돕고 배려하는 과정이 마음을 따뜻하게 하고, 사람들 간의 유대감을 더욱 깊게 만들어준다. 이러한 경험은 학생들에게 함께하는 즐거움을 배우게 하고, 더 나아가 사회에서도 서로를 배려하며 살아가는 법을 익히게 한다. 지금 이 순간에도 서로를 돕고 배려하는 모습은, 당진고등학교가 지닌 소중한 자산이자, 앞으로도 계속 이어져 나가야 할 아름다운 전통이 될 것이다.

🧑 체육대회와 자아효능감

교직에 들어와 처음 담임을 맡았던 때가 떠오른다. 그때 반 학생들은 초짜 교사인 나의 부족함을 불평하지 않고 이해해 주었다. 체육대회 때, 학생들은 자신들이 체육 활동을 잘하지 못할 것이라고 하면서도 응원상을 목표로 열심히 응원하겠다고 다짐했다. 학교생활의 여러 활동 중 자신이 할 수 있는 것에 의미를 부여하며 최선을 다하는 모습이 정말 인상적이었다. 반 학생들이 1등을 하면 교사로서 정말 기쁘고 즐거운 일이겠지만, 1등이 아니더라도 자신들이 할 수 있는 것에 목표를 두고 그것을 위해 열심히 준비하는 모습은 지금도 기억에 남는다.

체육대회에서는 돋보이는 학생들도 있고, 그렇지 않은 학생들도 있을 것이다. 하지만 돋보임이나 1등을 떠나, 각자가 학교 행사 중에서 자신이 즐길 수 있는 부분과 애써 노력할 수 있는 지점이 분명히 존재한다.

이번 당진고등학교 체육한마당에서는 미술 동아리 학생들이 페이스 페인팅을 준비하여 자신이 가진 재능을 봉사로 발휘했고, 솜사탕을 만들어 나누어 주는 행사와 타투 스티커를 나누어 주는 활동도 진행했다. 또한, 여러 종목에 참여해 자신의 신체적 능력을 발휘하며 학생들의 함성을 받는 학생들도 있었고, 종목마다 도와주는 역할을 맡아 챙기는 학생, 점심 후 장기자랑에서 사회를 보는 학생, 그리고 춤과 노래로 재능을 발휘하는 학생 등 다양한 모습이 연출되었다. 이 모든 모습을 바라보며 즐기는 학생도 있고, 박수를 힘껏 치며 응원하는 학생들도 있었다. 오늘의 아름다운 순간을 남기기 위해 사진을 찍는 사람들도 보였다.

사람은 자신의 능력이 어제와 다르게 향상되었을 때 기쁨을 느낀다. 그런데 언제 자신의 능력이 지난 날보다 좋아졌다는 것을 확실히 느낄 수 있을까? 학생이라면 그것이 분명하게 드러나는 순간은 시험 성적일 것이다. 과거의 데이터와 현재의 성적을 비교 분석할 수 있는 숫자로 표현되기 때문이다. 그러나 학교 시험은 개인의 많은 능력 중 일부만을 평가하는 잣대일 뿐이다. 그로 인해 평가되지 않는 개인의 다른 능력이 어떻게 향상되었는지를 알기란 어렵다. 사람들은 보이지 않는 것들에 대해 신뢰하지 않는 경향이 있다. 그래서 타인의 평가는 종종 눈에 보이는 결과로만 이루어진다. 하지만 변화의 시작은 눈에 보이는 곳에 있지 않다. 오히려 내면의 움직임과 깨달음에서 비롯된다. 결과로 나타나지 않더라도 자신의 변화를 이끌어내는 여러 상황에 대해 인식할 수 있는 교육이 필요하다. 비교보다는 자신의 능력에 대한 믿음을 키워주는 활동이 중요하다.

자신이 가진 어떠한 능력이라도, 어느 순간 어떤 공간에서 빛을 발휘할 기회가 제공되면 좋겠다. 자신의 어떠한 장점으로 인해 소중한 존재임을 깨닫고, 세상에 어떤 부분이라도 도움이 되는 사람으로 인식되는 삶은 얼마나 좋을까. 이러한 경험이 부족할 때, 우리는 나이를 떠나서 힘든 감정을 느끼게 된다. 어려운 일은 언제든지 일어날 수 있지만, 그 일이 자신에게 오히려 양분으로 작용할 수 있는 것은 자신의 내면에 스스로를 믿는 힘이 있을 때 가능하다.

♡ ◯ ▽   🔖

3학년 김현한 학생

\# 10대 마지막 5월의 시작 \# 잊지 못할 삼겹살데이, 두 번 다시 없을 체육대회
\# 10대의 마지막 기록, 고등학교 졸업사진

10대 마지막 5월의 시작

5월 하면 무엇이 떠오르는가? 스승의날, 어버이날, 어린이날 등 기념일이 떠오르는 사람도 있을 테고, 한 해 열두 달 가운데 다섯째 달로 생각하는 사람도 있을 것이다. 5월은 가정의 달이라고 하지만 학교에서만큼은 '행사의 달'이라고 해도 과언이 아니다. 학생이라면, 선생님이라면 아마 '가장 바쁜 달'이라고도 생각할 것 같다. 그만큼 5월에는 중간고사가 끝난 후 학교 대부분의 행사가 모여 있다. 현장체험학습, 수련활동, 체육대회 등이 대표적이다. 당진고등학교는 혁신학교답게 다른 학교와 차별화된 행사가 있다. 바로 '행복나눔데이'인데 이날에는 학교에서 친구들과 삼겹살을 구워 먹는다. 아직 행사 전인지라 이 얘기는 나중에 자세히 하도록 하자.

또 3학년에게는 1학년, 2학년과 다르게 아주 중요한 행사가 있다. 고등학교를 마무리하고 10대의 끝을 알리는 졸업사진 촬영이 이뤄진다. 콘셉트는 무엇으로 할지, 머리 스타일은 어떻게 준비할지 등 평생 한 번뿐일 졸업사진에 많은 관심을 쏟는다. 나도 머리 스타일을 굉장히 중요시하는 학생인지라 오늘 미용실에 가서 머리를 정리해 보았으나… 망했다…. 큰일이다. 정말 대참사를 일으키고 말았다. 나와는 그닥 어울리지 않는 머리가 된 것 같아 스트레스까지 받는 중이다. 아직 졸업사진을 찍지 않은 남학생이 있다면 머리는 반드시 최소 2주 전에 자르고 그 뒤로 절대 미용실을 가지 말라고 권하고 싶다. 또는 그냥 평소 자신의 모습 그대로를 보여주는 것도 좋다. 졸업사진 또한 아직 촬영하지 않은지라 촬영을 한 후 더욱 자세히 그때의 기억을 기록하는 걸로 하자.

5월 셋째 주인 이번 주에는 1학년 학생들의 수련활동과 2학년, 3학년 학생들의 현장체험학습이 진행되었다. 이번 3학년 현장체험학습 장소를 학생들은 이렇게 말하곤 했다. '또버랜드'(또+에버랜드)라고. 사실 현 3학년 학생들은 1학년 때에도 현장체험학습을 에버랜드를 갔었다. 더군다나 개인적으로도 흔하게 놀러 가는 곳이 에버랜드인지라 지겨울 수 있다는 생각이 들었다. 근데 1학년, 2학년 때와는 다르게 이번 현장체험학습은 조금 신기했다. 현장체험학습에 참여하는 3학년 학생들의 3분의 1이 참여하지 않겠다고 선언했기 때문이다. 특히 우리 반은 절반이 현장체험학습에 참여하지 않았다. 아마 정시를 준비하는 학생들과 현장체험학습이 시간과 돈 낭비라고 생각하는 학생이 늘어서인 것 같다. 다른 학생들의 마음은 이해하나 개인적으로는 인생에 한 번뿐인 행사인 만큼 모두가 참여해 함께 추억을 만들면 좋겠다. 물론 친구들과 어울리지 못하거나 흥미를 느끼지 못하는 학생들이 있을 수는 있다. 하지만 친구들과 어떻게 함께 하는지에 따라 학교생활이 180도 달라질 것이라고 생각한다. 마침내 학교로 돌아와 기숙사로 향했는데, 그날은 친구들이 많이 피곤했는지 너도나도 할 것 없이 푹 잔 것 같았다.

잊지 못할 삼겹살데이, 두 번 다시 없을 체육대회

5월 '행사의 달'도 어느덧 막바지에 이르렀다. 이번 주에 행복나눔데이, 체육대회가 모두 끝나고 다음 주 졸업사진 촬영을 남겨두고 있다. '삼겹살데이'라 불리는 행복나눔데이는 학교에서 학생들에게 삼겹살, 밥 등을 제공하여 학생들끼리 고기를 구워 먹으며 행복을 나누는 행사다. 이날은 점심 급식이 제공되지 않는다. 학년마다 차이가 있지만 3학년 기준으로 1, 2교시는 정상 수업을 하고 3교시부터 점심시간까지 행복나눔데이 행사를, 5, 6교시는 정상 수업을 하고 7교시는 다음 날 있을 체육대회 연습을 했다. 행복나눔데이더라도 정상 수업이 이뤄지긴 하지만 고기를 먹는다는 학생들의 기대로 가득 찬 교실은 그 어느 때보다 밝았다.

1, 2교시가 끝나고 고기를 먹으러 전교생이 운동장으로 향했다. 학생들은 미리 짜놓은 조대로 나누어 돗자리와 신문지를 펴는 동안 고기를 가지러 급식실로 향하기도 하고 서로 가져온 재료들을 보여주며 마냥 즐거워하는 모습이 너무 보기 좋았다. 학교에서는 삼겹살, 밥 정도만 제

공해 주기에 버너, 불판, 채소, 쌈장 등 조별로 필요하거나 가져오고 싶은 것들을 가져와야 한다. 3학년이 되니 이른바 '짬이 찼는지' 기상천외한 것들을 볼 수 있었다. 우리 조는 고깃집처럼 삼겹살을 먹고, 그 위에 밥을 볶아 먹은 것도 모자라 더 없어 냄비도 가져와 라면까지 해 먹었다. 하지만 이것은 시작에 불과했다. 소시지, 비빔면은 약과이며 마시멜로를 가져와 구워 먹기도 하고 콘치즈를 만들어 먹기도 했다.

행복나눔데이가 끝나고 5, 6교시 수업이 이뤄졌지만 산만한 분위기를 잡는 것은 언제나 선생님 몫이다. 나는 외부 행사 참여로 5교시에 외출하여 수업을 못 들으면 어떡하나 걱정하였지만, 다행히 자습 시간이었다. 또 6교시는 학생회 체육대회 준비로 수업을 빠졌으나 학생들이 공부하기 싫은 것처럼 선생님도 수업하는 것만큼 싫은 것이 없는지 학생들과 운동장으로 나가 1, 2학년들이 체육대회 연습하는 모습을 구경하며 수다를 떨기도 하였다. 이런 모습을 좋지 않게 생각하는 사람들도 분명 있을 것이다. 하지만 '12년 동안 교실에 앉아 책만 읽던 아이들이 한 시간 정도 휴식을 하는 것이 그렇게 큰 잘못일까?'라는 생각이 들었다. 또 이런 날이 앞으로 얼마 남지 않은 고3 학생들에게는 조금이나마 학교에서 즐거운 추억을 가득 쌓고 사회로 나아갔으면 하는 것이 내 바람이다.

학교가 끝나고 학생들이 하교할 때 본격적인 학생회 역할은 시작된다. 다음 날 있을 체육대회에서의 자신의 역할 숙지와 사전 준비 시간을 가졌다. 또 스승의 날을 맞아 학생회에서 모든 선생님께 롤링페이퍼를 작성하였다. 각 학급의 학생들은 담임선생님께, 학생회는 그 외 선생님들께 롤링페이퍼를 작성하였고 체육대회 개회식을 진행하며 학생회는 롤링페이퍼와 함께 선생님들께 카네이션 뱃지를 달아드리며 감사 인사를 전했다.

체육대회가 시작되며 학생회 임원들은 본격적으로 자신의 역할을 수행하기 시작하였다. 이번 체육대회의 종목은 '줄다리기', '2인 3각', '8자 줄넘기', '고고 허리케인', '계주', '색판 뒤집기'였는데 지난 체육대회에 비해 종목에 큰 변화가 없었던 것이 학생들의 작은 아쉬움으로 남은 것 같다. 학생들은 자신의 학급 차례를 기다리면서 물놀이도 하고, 수다도 떨고, 사진도 찍고, 휴식을 취하며 자는 학생들도 있었다. 특히, 학생회는 친구들과 시간을 보내면서도 자신이 맡은 역할에 따라 움직여야 하는데 예상했듯이 언제나 구멍이 나기 마련이다. 자신이 위치해 있어야 할 자리에 제때 오지 않는가 하면, 자신의 역할이 무엇인지도 모르는 임원들이 줄곧 나왔다. 내가 맡은 역할이 아님에도 자리가 비어 급히 역할을 대신하는 경우도 적지 않았다. 물론 어디까지나 나의 주관적인 생각이고 시야를 너무 좁게 보고 평한 결과일 수도 있다. 게다가 체육대회도 큰 사고 없이 끝났으니 더 이상 나무랄 이유도 없을뿐더러, 나무라면서까지 학생회 친구들의 즐거운 체육대회에 안 좋은 기억을 남기게 하고 싶지 않았다.

그래도 어느덧 체육대회가 막바지에 이르고 폐회식과 함께 기다리고 기다리던 순위 발표를 앞두고 있었다. "3학년 1등은 *반입니다!" 바로 우리 반이다! 그 어느 때보다 우리 반 친구들이 짜릿해 하는 순간이었다. 운이 좋았을 수도 있지만 우리 반 학생들이 정말 잘 참여해 주고 열심히 해준 결과라고 생각한다. 우리 소중한 7반을 비롯하여 모든 학생에게 정말 수고 많았다고 말하고 싶고, 즐거운 기억만 남았으면 하는 바람이다.

체육대회가 막을 내리고 학생회는 뒷정리와 함께 빠질 수 없는 것이 있다. 바로 뒷풀이다. 뒷풀이를 꼭 참여해야 하는 것은 아니기에 빠지는 친구들도 있었다. 먼저 배고플 친구들을 위해 치킨집으로 향했다. 이번에 새롭게 들어온 인턴들은 뒷풀이가 처음인지라 조금은 어색한 분위기 속에서 이뤄졌지만 노래방, 사진, 볼링장을 가며 금세 친해지고 너 나 할 것 없이 뒷풀이를 즐겼다. 노래방에서 실컷 놀고 나오니 목소리는 집 나가고 귀는 먹먹하였다. 하나의 추억이 된 것 같아 즐거웠다.

🧑 10대의 마지막 기록, 고등학교 졸업사진

졸업사진 촬영은 고등학교 생활의 중요한 이정표를 기념하는 특별한 행사이다. 이 사진은 졸업생들에게 소중한 추억을 남기고, 친구들과의 결속을 강화하는 기회를 제공한다.

촬영에 앞서 졸업생들은 어떤 주제로 사진을 찍을지 고민하게 된다. 개인적인 스타일을 반영하기 위해 의상 선택이 중요하다. 전통적인 한복을 입거나, 애니메이션 캐릭터, 또는 특별한 테마에 맞춘 의상을 선택하기도 한다. 또한, 친구들과 함께 찍는 경우에는 조를 이뤄 콘셉트를 정하는 과정도 즐거운 경험이 된다.

촬영 일정은 보통 학교와 협의하여 정해지며, 날씨나 학교 행사와의 조율도 필요하다. 촬영 당일에는 긴장감과 기대감이 뒤섞인 채로 친구들과 함께 시간을 보내게 된다. 촬영 중에는 다양한 포즈를 취하고, 선생님이나 친구들과의 소중한 순간을 담아내는 기회를 가진다.

졸업사진은 단순한 이미지 이상의 의미를 지닌다. 이는 졸업생들이 고등학교 시절의 추억을 떠올리게 해주고, 앞으로의 새로운 시작을 알리는 상징적인 역할을 한다. 졸업 후 시간이 지나도 이 사진들은 친구들과의 소중한 기억을 간직하게 해주는 중요한 자산이 된다. 결국 졸업사진 촬영은 단순한 사진을 넘어서, 서로의 우정을 확인하고, 고등학교 생활의 마무리를 축하하는 특별한 순간으로 남게 된다.

학사복과 학사모를 입고 졸업사진을 찍던 선배들의 모습을 창문으로 보던 때가 엊그제 같은데, 정신 차려 보니 그 학사복과 학사모를 내가 입고 있었다. 5월의 마지막 행사인 졸업사진 촬영이 5월 22일부터 24일까지, 3일간 진행되었다. 첫째 날은 콘셉트 사진을 찍는 날이었다. '어떤 콘셉트를 할지', '어떤 옷을 입을지'에 대한 고민은 촬영 한 달 전부터 3학년 친구들의 최대 이야깃거리였다. 이유는 모르겠지만 나는 긴 고민 없이 한복(선비 복장)을 입어야겠다는 생각밖에 들지 않았다. 한복도 디자인이 수십 가지인지라 친구들에게 수없이 물어보고 물어본 끝에 하나의 디자인을 골랐다. 촬영 일주일 전에 대여 주문을 해서 다행히 여유 있게 도착하였다. 졸업사진을 찍을 후배들에게 꿀팁을 주자면 콘셉트 옷은 한 달 정도 여유 있게 주문하는 것을 추천한다. 막상 옷을 받고서 마음에 안들거나 불량일 경우 교환, 환불하는 데에 생각보다 긴 시간이 걸릴 수도 있기 때문이다.

드디어 촬영 당일! 기숙사에서 나와 학교 탈의실에서 한복으로 환복을 하고 나와 복도를 활보하니 모든 학생들의 눈길이 나로 향했다. 그럴 수밖에 없는 게 탈의실에서 우리 교실로 가려면 1학년 복도나 2학년 복도를 꼭 거쳐 가야만 했기 때문이다. 마치 연예인이 된 것 같기도 하고 '이게 3학년이지!'하는 생각에 그 어느 때보다 위풍당당한 발걸음으로 걸어갔던 것 같다. 근데 내 콘셉트는 시작에 불과했다. 정말 상상하지도 못한 콘셉트가 복도를 지나갈 때마다 끝없이 튀어나왔다. 여장, 뽀로로, 푸바오, 등산 동호회 등등 정말 가관이었다.

　친구들과 서로서로 사진을 찍으며 추억을 남기고 졸업사진에 들어갈 사진도 찍었다. 아직까지도 후회가 되는 점은 졸업사진에 들어갈 사진만 빼고 다 잘 나왔다는 것이었다. 이런…. 여기서 또 하나 꿀팁을 주자면 개인 사진 찍을 때 포즈나 액세서리(한복의 경우 갓, 술띠, 상투 등등) 착용 여부 등을 미리 생각해가면 굉장히 많은 도움이 된다. 또 개인 사진은 무릎 아래는 나오지 않으니 신발만큼은 크게 신경 쓰지 않아도 될 듯하다. 개인 사진 촬영이 끝나면 단체 사진을 찍는다. 나는 단체 사진 콘셉트로 군복을 입었다. 개인 사진과 단체 사진의 컨셉을 꼭 달라야 하는 것은 아니다. 같은 옷을 입어도 되고 친구들과 콘셉트를 맞춰 다르게 입어도 된다.

　이렇게 첫째 날 촬영이 끝나고 둘째 날은 흔히 말하는 증명사진 촬영이 이뤄졌다. 증명사진은 졸업사진에 들어갈 앨범용과 수능 본인 확인, 여권 사진 등 신분 확인용으로 두 번을 찍는다. 앨범용은 큰 제한이 없는 반면 신분 확인용은 눈썹이 보여야 하고 어깨가 보여야 한다는 점에서 차이가 있다. 앨범용 사진 촬영 후 신분 확인용 사진을 촬영하니 처음부터 자신의 눈썹 자랑을 하지는 않아도 된다. 나는 친구가 찍어준 사진으로 보았을 때는 나름 괜찮게 찍힌 것 같았다. 앨범에는 어떻게 나올지는 모르겠지만.

셋째 날에는 교실에서 공부하는 모습을 찍고, 대망의 학사복을 입고 찍는다. 학사복을 입으니 진짜 졸업한다는 게 실감 났다. 가장 웃픈 기억으로 평소에는 그렇게 학교 가기 싫다던 친구들이 "졸업하기 싫다."라고 말하니 참 대견해 보이고 웃음이 절로 나왔다. 마지막으로 팁을 주자면 꼭 친구들에게 증명사진 찍을 때와 학사복 독사진을 찍어달라고 부탁하라는 것이다. 친한 친구가 없더라도 한 번만 용기를 내서 찍어달라고 부탁하면 그때만큼은 그 누구보다 열심히 찍어줄 것이다. 이렇게 정신없이 3일간 촬영이 이뤄지면 10대의 마지막 사진은 마무리가 된다.

3학년 박희웅 학생

고등학교 마지막 행복나눔데이와 체육대회
마지막 휴일, 졸업사진 촬영

🧑 고등학교 마지막 행복나눔데이와 체육대회

5월 17일, 고등학교 마지막 체육대회를 마쳤다.

체육대회 날은 아침부터 특별한 분위기로 시작되었다. 학생회는 7시 40분까지 모이기로 했고, 우리는 운동장을 돌며 쓰레기를 줍고, 상과 의자, 단상 등을 나르면서 진땀을 흘렸다. 그렇게 분주하게 준비한 덕분에 체육대회가 시작될 때는 뿌듯한 마음이 들었다. 특히, 선생님들께 준비한 롤링페이퍼를 드릴 때의 그 순간이 가장 기억에 남는다. 선생님들이 웃는 모습을 보니 그동안의 노력이 헛되지 않았다는 생각이 들었다. 선생님들의 행복한 표정은 나에게 큰 보람을 주었고, 이런 시간들이 소중하게 느껴졌다.

체육대회가 시작되었고, 2학년 3반 전담 심판 역할을 맡았다. 경기를 지켜보면서 응원하고 싶은 마음도 있었지만, 그 감정을 참아야 했다. 큰 텀블러에 얼음을 가득 채워서 가져가라고 권장했는데, 전날 얼음을 미리 준비해 두기를 정말 잘했다. 만약 얼음을 가져오지 않았다면 후회했을 것 같다. 그날 얼음은 먹지 말고 물만 계속 넣어서 마시라고 친구들에게 강조했다. 체육대회의 또 다른 즐거움은 운동만이 아니라 물총을 쏘고 물을 뿌리며 함께 웃고 즐기는 데 있다는 것도 느꼈다.

오전에는 모든 종목에 참가하고 심판 역할도 맡으며 매우 보람찬 하루를 보냈다. 오후에는 줄다리기와 이어달리기 결승이 있었지만, 우리 반은 아쉽게도 모두 탈락하여 자연스럽게 휴식을 취할 수 있었다. 체육대회가 끝난 후에는 학생회로서 뒷정리를 해야 했기에 남아서 마지막까지 열심히 활동을 이어 나갔다. 이렇게 봉사하는 시간을 통해 팀워크와 책임감을 더욱 느낄 수 있었다. 학생회 단체 사진도 찍고 뒤풀이도 간다던데, 다음 주 일정을 위해 참았다. 다음 주에는 졸업사진을 찍는데, 이건 고3만이 가질 수 있는 재미 중 하나다.

🧑 마지막 휴일, 졸업사진 촬영

고3의 가장 기다려지는 이벤트 중 하나인 졸업사진 촬영이 5월 22일에 진행되었다. 고2 겨울방학부터 "어떤 주제로 할까?" 콘셉트를 고민하는 과정이 정말 재미있었다. 멋진 의상보다는 기억에 남을 재미있는 의상을 선택하고 싶었기에 여러 가지 아이디어를 떠올렸다. '누구와 함께 찍을지', '몇 명이 어떻게 찍을지', '옷은 언제 대여할지' 등 고민할 것들이 많았다. 하지만 옷 대여 비용이 5만 원 이상이라는 사실에 고민이 깊어졌다. 부끄럽게도 공주 옷도 고려했지만, 결국 애니메이션 남성 캐릭터로 콘셉트를 정하기로 했다. 누나의 조언이 큰 도움이 되었고, "후회하지 않게 재밌게 해."라는 말을 마음에 새겼다.

처음에는 기생 한복을 입으려 했으나, 함께 찍기로 했던 친구들이 다른 반으로 옮겨가면서 하나둘 떠나버렸다. 졸업 앨범은 반을 기준으로 5~6명이 조를 이뤄 찍어야 하기에, 반 콘셉트와 다른 콘셉트를 하게 되면 비용이 두 배로 늘어나는 상황이었다. 기생 옷을 알아보던 중 온라인에서 주문한 곳에서 맞는 치수가 없다는 문자를 받았을 때는 정말 난감했다. 이 사실을 알았을 때는 다른 옷을 주문하기에도 시간이 부족했다.

처음에 함께 찍기로 했던 친구 중 나와 한 명만 남았다. 그 친구가 제안한 대로 기생 옷은 배송이 불가능하니 지역의 한복 대여점에서 빌리기로 결정했다. 날짜를 잡았지만, 그날은 체육대회가 열리는 날이었다. 학생회 활동으로 모든 종목에 참여하느라 힘든 상태였고, 대회가 끝난 후 뒤풀이를 간다고 했지만 빠질 수밖에 없었다. 땀이 마른 몸을 이끌고 한복 대여점으로 출발했다. 여러 가지 한복을 다시 입어보며 다른 친구들의 모습을 구경하는 것이 정말 즐거웠다.

체육대회 날 피부가 많이 타서 파운데이션과 색 있는 립밤도 발랐다. 친구는 다른 친구의 도움을 받아 화장도 했다. 콘셉트 사진, 개인 사진, 반 사진을 찍었다. 자유롭게 사진을 찍는 동안 누가 찍어주는지 잘 기억해야 사진을 받을 수 있다. 여러 선생님과 친구들과도 많은 사진을 찍었다. 기숙사에 돌아와 확인해 보니 중복으로 찍은 것을 포함하면 거의 500장 정도의 사진이 있었다.

24일에는 졸업가운을 입고 사진을 찍었는데, 졸업가운을 입고 있으니 졸업이 다가왔다는 사실이 실감 났다. 이제 졸업이 코앞이다. 올해가 고등학교 마지막이라니, 시간이 너무 빠르게 흐른다는 것이 아쉽다. 졸업이라는 새로운 시작을 앞두고, 그동안의 추억을 돌아보며 소중한 순간들을 간직하고 싶다.

♡ ○ ▽   □

2학년 김한결 학생

체육대회

 체육대회

체육대회 준비는 빠르게 진행되었다. 완벽한 대회를 위해 작년 체육대회에 대한 설문조사를 실시하고, 체육 선생님들과 협의하여 어떤 종목을 진행할지 결정하는 과정이 있었다. 그 결과를 바탕으로 학생회 회의를 시작했는데, 가장 중요한 주제는 바로 '학생회 이벤트'였다. 작년과는 조금 다른 이벤트를 준비하기로 하여, 작년에 진행했던 '사제동행 미션 달리기'를 다른 종목으로 바꾸기로 했다. 이후 중간고사가 다가오면서 체육대회 준비는 잠시 미뤄졌다. 하지만 중간고사가 끝난 후 본격적으로 체육대회를 위한 준비가 시작되었다.

체육 선생님과의 회의 결과, 이번 대회에서 진행할 종목은 줄다리기, 고고 허리케인, 2인 3각, 8자 줄넘기, 색판 뒤집기, 계주로 총 6개가 정해졌다. 시간표도 확정되었고, 심판과 '학생회 부스 운영', '장기자랑 준비' 인원도 대략적으로 정해졌다. 특히 솜사탕 부스를 운영하기로 하여 솜사탕 기계도 직접 사용해 보았고, 다행히 큰 문제 없이 잘 작동했다. 체육대회 전 주부터 학생회 이벤트를 진행할 MC를 뽑았고, 전교부회장인 은지가 먼저 MC를 맡겠다고 하여 고민 끝에 나도 함께 하기로 결정했다. MC 대본은 각 행사에 맞춰 우리가 직접 작성했는데, 기대감과 함께 걱정이 교차했다.

드디어 개회식이 시작되었고, 체육대회 준비로 분주한 시간을 보냈다. 여러 종목이 있었지만, 가장 부담이 되었던 것은 장기자랑과 MC 역할이었다. 그래서 점심시간에도 바쁘게 움직이며 급하게 밥을 먹고 나가서 MC 대본을 리딩하며 장기자랑과 학생회 이벤트 1부를 준비했다. 15분 후, 장기자랑이 시작되었다. 스타트는 좋았지만, 원래 세 번째였던 동아리 공연 순서가 바뀌어서 대본이 꼬이고 잘못 진행하게 되었다. 그럼에도 불구하고 장기자랑 팀들은 멋지게 마무리해주어 조금 마음이 놓였다.

이후 학생회에서 준비한 이벤트를 시작했다. 1부에서 내 역할은 상품을 소개하고 전교생의 학번이 적힌 종이를 뽑아 추첨하는 것이었다. 드디어 2부가 시작되었고, 체육대회의 '꽃'이라고 할 수 있는 줄다리기 결승과 이어달리기 결승이 열렸다. 줄다리기 결승은 치열한 경쟁이 펼쳐졌고, 우리 반이 이기자 한결 마음이 가벼워졌다. 이후 학생회 이벤트 '당고 퀴즈'를 진행했다. 학교 개교기념일부터 전교생 수까지 총 8가지 내용을 퀴즈로 진행했다. 마지막으로 경품 추첨을 했지만, 행사가 막바지에 이르러 학생들이 많이 없어 아쉬움이 남았다. 특히 천막 안에 들어가 있는 학생들이 많아 조금 서운했지만, 교장 선생님께서 MC 진행을 칭찬해 주시자 기분이 한결 풀렸다.

　체육대회를 마친 후, 학생회는 운동장을 돌아다니며 쓰레기나 분실물 등을 살폈다. 체육대회는 나름 잘 마쳤지만, 학생회 이벤트 MC 중 실수를 한 것이 고등학교 생활 중 가장 기억하고 싶지 않은 흑역사가 될 것 같았다. 그렇지만 학생회 일을 하면서 한 번도 지친 적이 없다는 점이 다행이었다. 만약 내가 지치기라도 했다면, 학생회의 사기를 높여줄 사람이 많지 않아 힘들었을 것이기 때문이다. 그렇게 모든 준비와 행사를 마무리하며, 여러 경험과 감정이 뒤섞인 하루를 보냈다. 이번 체육대회를 통해 많은 것을 배우고 느꼈기에, 앞으로 더 나은 학생회 활동을 위해 힘차게 나아가야겠다는 결심을 하게 되었다.

온새미로 1학년 회장, 부회장 선발

2024년 5월 19일, 우리는 회장과 부회장을 선출하는 중요한 날을 맞이했다. 작년에 나도 매점 1학년 회장과 부회장 선출을 위한 온라인 면접을 진행한 경험이 있었기에 이번에도 유사한 방식을 채택하기로 했다. 그러나 이번에는 회장과 부회장에 지원한 인원이 너무 적어서 어려움을 겪었다. 지원자는 단 5명밖에 없었고, 이는 작년과는 비교할 수 없이 적은 수치였다. 당황스러웠지만, 선출을 위한 절차를 차질 없이 진행하기 위해 질문지를 준비했다. 질문지는 매점 업무에 대한 이해도, 회장이나 부회장으로서의 지원 동기, 문제 발생 시 대처 방법과 순발력, 일정 계획 능력 등을 평가할 수 있도록 구성했다. 총 7개의 질문으로, 지원자들의 마음가짐과 업무 처리 능력을 중점적으로 살펴볼 수 있도록 하였다. 질문지를 배포한 후, 2명이 참여를 포기하게 되면서 최종적으로 3명만이 면접에 참여하게 되었다. 1학년 친구들의 의지가 부족해 보였던 점이 아쉬웠지만, 결국 3명이나마 면접에 응해주어 다행이라는 생각이 들었다.

면접을 통해, 우리는 두 명의 학년 친구를 최종적으로 회장과 부회장으로 선출하게 되었다. 이들은 매점 운영에 대한 열정과 잠재력을 보여주었고, 향후 매점 활동에 중요한 역할을 맡게 될 것이다. 이후 5월 22일에는 정기총회가 열렸다. 이 자리에서는 새로 선출된 1학년 회장과 부회장을 불러 회의에 참여할 수 있도록 하였다. 정기총회에 함께 참여함으로써, 새로운 회장과 부회장들이 매점 운영에 대한 이해를 높이고, 실질적인 회의 경험을 쌓을 수 있도록 하였다. 이는 그들이 앞으로 매점 활동을 성공적으로 이끌어가는 데 큰 도움이 될 것으로 기대된다.

정기총회가 끝난 후, 모두 함께 회식을 했다. 회식을 통해 1학년 친구들과의 친목을 도모하고, 자연스러운 소통의 기회를 제공하였다. 이러한 자리에서의 소중한 경험은 앞으로의 협력과 팀워크를 강화하는 데 큰 도움이 될 것이다. 이번 과정이 쉽지 않았지만, 힘든 만큼 값진 경험이 될 것이라고 확신한다. 이러한 경험을 통해 우리가 성장하고, 앞으로의 매점 활동에 대한 준비가 더 철저해질 것이다. 앞으로 많은 도전이 있을 것이지만, 이번 경험이 뿌듯함과 자신감을 주었기를 바란다. 우리는 함께 협력하며 더욱 발전해 나가기를 기대한다.

🦔 온새미로 대의원회

2024년 5월 31일 금요일, 우리는 온새미로 대의원회를 개최했다. 자율 참여로 변경된 첫 회의였기에 참석자 수에 대한 기대가 있었지만, 예상과 달리 참석률이 현저히 낮아 결과적으로 만족스럽지 않았다. 온새미로 매점에는 총 52명이 있으며, 시청각실을 대관하여 대의원회를 진행할 계획이었으나, 예상외로 참석자는 10명 조금 넘는 인원에 불과했다. 이 중 1학년은 3명, 이사진 11명, 2학년은 5~6명으로 참석 인원이 너무 적어 당황스러웠다. 이러한 경험을 통해 우리는 다음 대의원회에서 학생들의 참여를 높이기 위해 몇 가지 개선점을 모색해야 한다는 것을 깨달았다. 대의원회 참석을 필수로 하고, 학생들이 조금 더 편하게 참석할 수 있도록 간식 등을 제공하여 참여를 유도할 필요가 있겠다는 생각이 들었다.

회의는 이사진 중 한 명이 사회를 맡아 진행되었으며, 이사진과 부 이사진은 무대에 앉아 회의를 진행했다. 이사진과 부원들을 구분하여 앉히고, 사회자와 이사장, 부회장(감사), 1학년 회장을 소개한 후 회의가 시작되었다. 첫 번째 안건은 당기 사업 보고였으며, 세 가지 사업이 주요 안건으로 다루어졌다. 첫째, 장학금 사업은 300만 원 상당의 장학금을 후원하는 사업으로, 작년에도 총 3명에게 장학금을 후원했던 방식과 동일하게 진행될 예정이다. 이번에도 장학금을 후원할 계획이라는 내용을 설명했다. 둘째, 환경의 날 사업은 제25대 학생회와 협력하여 진행하는 사업으로, 버려지는 양말목을 활용하여 키링을 제작한다. 이렇게 제작한 키링은 6월 5일부터 캠페인을 진행하고 매점에서 판매할 계획이다.

셋째, 지역업체 협력 사업은 지역 커뮤니티와 협력하여 빵을 납품받아 매점에서 재학생들에게 제공하는 사업이다. 첫 시범 운영에서는 30개의 빵이 5분에서 10분 만에 모두 판매되었으며, 앞으로 주 1~2회 시범 운영을 통해 인기를 지속적으로 확인하고, 긍정적 반응이 이어지면 계속 진행할 계획이다.

다음 안건은 학생들로부터 의견을 수렴하고, 궁금하거나 개선이 필요한 사항에 대해 자율적으로 의견을 받는 시간이었다. 첫 번째 질문은 마감 시간 변경에 관한 것이었다. 원래 마감 시간이 1시 35분이었으나, 30분으로 변경되었으며, 이를 학생들에게 공지할 필요가 있다는 의견이 있었다. 이에 따라 인스타그램과 학생 대의원회 카톡방을 통해 공지하겠다고 답변했다. 두 번째는 자판기 고장 및 재고 문제에 관한 것이었다. 자판기 고장 시 포스트잇으로 알렸지만, 잘 보이지 않다는 의견이 있었고, 재고 부족 상태를 미리 알고 싶다는 의견도 있었다. 자판기 채우기 시 재고 상태를 점검하여 인스타그램과 대의원회에 공지하기로 하였다. 세 번째는 청소 관련 문제였다. 매점 청소와 쓰레기 문제에 대한 불만이 많았으며, 매점 담당 선생님과 협의 후 청소 담당자를 1~8명으로 나누어 역할을 분담하고, 일반 쓰레기통을 확대하여 더 많은 쓰레기를 수용할 수 있도록 하고, 아이스크림 꽁다리 자르는 가위를 부착하여 바닥에 내용물이 흘리지 않도록 할 계획이다.

마지막으로 재고 가격 조정 이야기도 있었다. 롯데제과 과자 가격이 올라 이를 조정해야 하는 상황이 발생했다. 가나 초콜릿, 빼빼로, 씨리

얼, 칸초, ABC 초콜릿 품목을 새로운 가격으로 책정했다.

참석 인원이 너무 적어 아쉬웠지만, 이런 일이 발생할 수도 있다고 생각하며 다음 대의원회에서는 이번 경험을 반영하여 더 나은 계획과 준비로 개선해야겠다는 결심을 하게 되었다. 우리는 앞으로 학생들의 참여를 유도하고, 더욱 효과적이고 의미 있는 대의원회를 만들기 위해 노력할 것이다.

2학년 정은지 학생

\# 학생회 인턴모집과 면접 \# 위생용품 배치제 운영
\# 내가 체육대회 이벤트 MC를?

🧑 학생회 인턴모집과 면접

학생회 인턴모집을 준비하기 시작했을 때가 2024년 1월쯤이었던 것
같다. 이후 2월 회의에서는 인턴 면접 시 개인 질문과 공통 질문을 3월 회
의까지 생각해 오기로 결정했다. 3월에는 조금 더 구체적인 회의가 진행
되었다. 총무부에서 인턴모집 계획 포스터를 제작하였고, 학생회 인턴 설
명회를 진행하기로 하였다. 나에게는 학생회 인턴 설명회라는 게 참신했
다. 작년 당진고등학교 학생회의 24대 인턴을 지원했을 때 막막함이 있
었는데, 설명회가 그 막막함을 떨쳐줄 수 있는 좋은 행사라고 생각했다.
학생회 총무부에서 그런 생각을 하고 실행까지 한 것이 놀라웠다.

드디어 면접을 진행하였다. 면접은 학생회 16명과 지원자 4명씩, 4:1
로 진행되는 방식이었다. 면접을 여러 번 진행해 왔던 터라 떨리진 않았

지만, 어떤 학생들이 있을지 궁금하면서도 기대가 되었다. 이번 25대 인턴 지원자는 30명 정도 되었다. 면접이 생각보다 길어져서 질문의 수를 줄이기도 했다. 질문을 아무리 줄여도 마지막 면접자까지 보니 시계는 9시 45분을 향해 있었다. 후에 합격자와 불합격자를 가르기 위한 토론을 진행했다. 부서별로 뽑을 지원자를 선택하고 결과를 정리했다. 정리해 보니 생각보다 사람 마음이 비슷한 것 같다. 긴 토론 끝에 지원자를 최종적으로 선발하였고, 학생회 인턴모집을 마무리하게 되었다.

면접이 끝나고 있었던 회식에서, 학생회끼리 그간 있었던 에피소드를 풀며 재밌게 놀았다. 1학년 때 정말 간절한 마음으로 인턴 면접을 봤었는데, 이번에는 면접관으로 있다니 믿기지 않았다. 작년에 기숙사에서 면접 합격 문자를 보고 울고 있을 때, 현재 체육부 부장인 선배가 축하와 위로를 동시에 해 주었던 기억이 있다. 그때 기억처럼 그 친구들의 간절함이 통했기를 바란다. 동시에 면접에 지원한 많은 친구들이 학생회 면접에 혹여나 떨어졌다고 해서 희망과 자신감을 잃지 않았으면 하는 것이 내 바람이다. 학생회 지원은 기회가 많으니 후에 모집한다면 관심을 가지고 열심히 활동했으면 좋겠다.

🙂 위생용품 배치제 운영

5월 7일에 '위생용품 배치제'를 시행했다. '위생용품 배치제'에 대해 설명하려면 운영하기 전 준비 단계로 가야 한다. '위생용품 배치제'가 작년

2학기 초 학생회의 공약 사항이기는 했지만, 실제로 학생들이 이를 필요로 하는지 알기 위해 설문조사를 진행했다. 설문조사 결과, 여학생의 95.3%가 보건실에 있는 디스펜서가 불편하다고 답했고, 89.1%가 화장실에 배치하는 것을 원했다. 그래서 이를 반영하기 위해 보건 선생님과 면담을 진행했다.

보건 선생님께서는 "이전에 1, 2학년 학생들을 위해서 생리대 배치함을 설치했었는데, 양심적으로 가져가지 않는 경우도 많을뿐더러 관리도 힘들다고 판단되어 철수했다."라고 말씀하셨다. 그래서 다시 학생회 담당 선생님과 면담한 결과, 한 구역을 정해 일주일에 한 번씩 채워 넣는 방식이 좋겠다고 말씀하셨다. 그렇게 준비를 마치고 나니 학생회 선생님과 보건 선생님이 바뀌었고, 올해 다시 한번 보건 선생님과 면담을 진행하게 됐다. 다행히 올해 보건 선생님께서는 흔쾌히 수락해 주셨다. 그래서 보건실 생리대를 화장실에 배치하는 걸로 하고, 주기는 일주일에 1번 채워 넣는 것으로 결정했다. 원래 4월 초에 시행하려고 했으나 물품 받는 기간이 길어지는 바람에 5월에 진행하게 되었다. 시험이 끝난 직후 시행하고 싶어 팀원들에게 의견을 물었고, 괜찮을 것 같다는 답을 받아 휴일 동안 포스터 제작과 운영 방식을 정했다.

그리고 시행일인 5월 7일, 아침 8시에 모여 생리대함을 옮기고 쉬는 시간을 이용해 생리대를 배치하였다. 배치하는 도중 이 소식을 알리지 못해 학생들이 보건실에 오기도 했지만, 점심시간에 적극적으로 홍보하고 SNS에도 공지한 덕분에 위생용품 배치제 운영이 수월해졌다. 처음 공약을 세울 때는 정말 쉽지 않을 것이라고 생각했다. 반드시 이를 실현할 것이라는 생각으로 직접 선생님과 면담하고 다른 학교 회장단들에게도 여러 정보를 구했는데, 그 덕에 공약을 지키게 되니 큰 보람을 느꼈고, 학생들에게 도움을 주었다는 생각에 자신감이 생겼다. 여학생들이 불편함을 느끼고 있던 부분이었기에 꼭 실시해야 한다고 생각했다. 위생용품 배치제를 시행한 과정이 밑바탕이 되어, 다른 공약들의 시행도 잘 마무리되기를 바란다.

🙂 내가 체육대회 이벤트 MC를?

얼마 전 수업이 끝나고 학생회 체육대회 준비 회의를 진행했다. 체육대회 보조 학생 명단 수정과 스승의날 롤링페이퍼를 작성하는 시간을 가졌다. 대부분 아는 선생님이어서 정성껏 작성하였다. 그리고 체육대회 이벤트 MC에 지원했다. 그렇게 장기자랑 MC를 맡기로 하고 이를 위한 대본을 작성한 후, 체육부장 선배에게 확인받았다. 이것이 끝은 아니었다. 당장 내일 장기자랑과 점수집계 시 이벤트를 진행해야 했기에 한결이와 함께 수정을 거듭하였다. 그중에 내가 조금 아쉬웠던 것은 '당고 퀴즈'였다. 학생들이 재미없어할 수도 있다고 생각해서 '나락 퀴즈쇼'(요즘 유행하는 유튜브 콘텐츠)를 진행해 볼까 생각했다. 그렇지만 바로 다음 날이 체육대회였기에 늦었다는 생각이 들면서도, 준비할 수 있지 않을까 고민이 되었다. 왜냐하면 작년 체육대회 때 인턴이었는데 이벤트가 재미없었다는 말을 듣게 되어 '이번에 정말 재밌게 해 봐야지.'라는 욕심이 있었기 때문이었다. 그런데 장기자랑 MC를 체육대회 4일 전에 모집할 줄은 정말 몰랐다. 미리 알았으면 더욱 재밌게 프로그램을 짜봤을 것 같은데 너무 안타까웠다. 그래도 최후의 수단으로 부장 선배가 보내준 퀴즈 중 재미있을 것 같은 문제를 뽑아서 넣었다. 학생들이 정말 재밌어할까 고민이 되었지만 그래도 해보자는 마음가짐으로 만들었다. 한결이랑 함께 MC를 맞춰보고 예상 반응도 함께 상상하면서 연습을 하고 집에 갔다.

체육대회 당일이 되었다. MC 대본 준비를 마치고 학생회끼리 모여 본격적인 체육대회 준비를 했다. 그리고 체육대회가 시작되었다. 학생회가 자신이 맡은 선생님께 카네이션과 롤링페이퍼를 드리고, 이어달리기도 시작되었다. 이어달리기 곡선 콘을 관리해야 했기에, 일을 하면서 이어달리기하는 것을 보았다. 중간에 보다 보니 우리 반 학생들이 이어달리기를 생각보다 잘해서 너무 기뻤다. '이게 체육대회의 묘미인가?' 생각하게 되었다. 8자 줄넘기와 2인 3각, 색판 뒤집기도 진행되었다.

1학년 학급의 심판을 맡았는데, 계속해서 경기를 운영해야 하다 보니 제대로 휴식도 못 취하고 일만 했다. 그래서 조금 서운했던 것이 우리 반 학생들이 찍은 단체 사진에 내가 없었다는 점이었다. 1학년 경기 준비 중이라 사진을 찍지 못했다. 그 정도로 학생회는 항상 분주했다.

행사를 진행한다는 것이 믿기지 않았고 걱정도 많았다. 그러던 찰나 장기자랑이 곧 시작되었다. 한결이와 내가 생각보다 진행을 잘하고 있는 것 같아 너무 행복하고 날아갈 것 같은 기분이 들었다. 이대로 쭉 '당고 퀴즈'까지 진행했으면 좋겠다는 생각이 들었다. 우리 반이 우승한 이어달리기 결승과 줄다리기를 마치고, 기다렸던 '당고 퀴즈'와 학생회 이벤트가 다가왔다. 대본대로 진행하기로 했는데, 질문만 대본대로고 나머지는 한결이가 즉흥적으로 진행하는 변수가 생겨버렸다. 그래서 약간 당황했지만 그래도 어떻게든 진행해 보려고 애썼다. 시간이 빨리 지나가길 바라며 겨우 행운권 추첨까지 끝마쳤다. 끝나고 나니 후련하면서도 속상했다. 그래도 처음 MC를 맡은 것 치고는 잘한 편이라고 생각했기에 후회는 하지 않는다. 내 기대에 못 미쳤던 부분이 그저 아쉬울 뿐이다.

끝나고 학생회끼리 치킨을 먹으며 뒤풀이를 했다. 먹으면서 다른 테이블의 임원들과도 이야기를 나누고, 주변 노래방을 가서 나름 재밌게 놀았다. 적응하지 못할까 걱정됐던 인턴들도 함께 노래방 가서 뒤풀이를 즐겼다. 확실히 인턴들과 조금 더 가까워지는 것 같았다. 이렇게 큰 두 행사를 마쳤다. 우리 학교의 특색 있는 행사인 행복나눔데이와 체육대회에 참여하며 내가 생각했던 행사의 목적을 달성했다. 친하지 않은 반 친구들뿐만 아니라 학생회 친구들과도 더욱 친해질 수 있었다. 우리 학교가 혁신학교라서 이렇게 특색 있는 행사들을 진행할 수 있었던 것 같다. 이제 '혁신학교'라는 말은 안 붙여질 수도 있을 텐데, 그렇더라도 행복나눔데이와 학생회 주도 체육대회는 꼭 오래오래 남았으면 좋겠다.

♡ ○ ▽   ⊓

🧑 고1의 수련회에서 있었던 일

1학년 학생들은 2024년 5월 8일부터 10일까지 3일 동안 서해안 청소년수련원으로 수련회를 다녀왔다. 중간고사가 끝난 지 얼마 지나지 않아서 갑작스럽게 다녀온 느낌이 강했지만, 아무 걱정 없이 있는 그대로를 즐긴 행복한 3일이었다. 첫날은 수련원에 가기 전에 서산 해미읍성에 들렀다. 해미읍성 안에 있는 가장 큰 나무 밑에서 우리 반의 첫 단체 사진을 찍게 되었다. 햇빛이 눈부셔 눈을 뜨기 어려웠다. 이후 친한 친구들끼리 내부를 돌아다니며 개인 사진도 찍고 안에 마련되어 있는 활동도 했다. 투호 던지기, 곤장 때리기 등이 있었는데 남자 아이들의 입장에서 곤장 때리기는 지나치기 어려운 필수 코스였다. 공평하게 가위바위보를 해서 곤장을 맞는 내기였는데, 내가 가위바위보에서 졌다. 곤장은 생각보다 엄청 아팠다.

　친구들과 해미읍성 앞에 있는 중국집에 가기로 했는데, 문 앞에서 선생님이 나가지 못하도록 문을 막고 계셨다. 아쉽게도 짜장면을 먹기로 한 계획은 무산됐지만, 그 시간에 해미읍성을 돌아다니면서 아름다운 풍경을 바라볼 수 있었다. 해미읍성에서 나와 버스를 30분 정도 타고 이동하니 높은 산 한 가운데에 수련원이 있었다. 혼자서 내려가기에는 길을 잃을 정도였다. 수련원에서는 휴대폰을 걷는다. 3일 동안 핸드폰 없이 사는 것은 불가능해 보였다. 하지만 아쉬움을 뒤로한 채 내친김에 3일만 휴대폰 없는 삶을 살아보기로 했다.

　그다음 점심을 먹게 되었는데 채소 위주의 건강한 식단이 나왔다. 초록색의 채소들은 눈으로만 봐도 건강해지는 느낌이었다. 하지만 예상과는 다르게 맛있었다. 만족스럽게 식사를 마치고 강당으로 가서 안전 교육을 들었다. 안전은 진지하게 들어야 하는 내용이기 때문에 엄숙한 분위기였다. 어쩌면 당연한 이야기들이었지만 당연한 일이 잘 지켜지지 않는다고 하셨다. 당장 우리 반만 상상해 보아도 그럴 것 같았다. 안전 교육을 받은 뒤에는 숙소에 처음 들어가 봤다. 잠깐의 휴식을 취하고 다른 반 친구들과 친해질 수 있는 '관계 형성'이라는 프로그램을 실시했다. 종이에 적힌 몇 가지 미션을 수행하고 친구들의 싸인을 받는 활동이었는데, 다른 반 친구들과 친해질 기회가 생겨서 좋았다. 수련회에 왔다는 것이 더욱 실감 났다. '관계 형성'을 끝내고 먹은 저녁 식사는 고기도 많고 점심보다 더 맛있었다.

　저녁을 먹은 후에 '수련회의 꽃' 장기자랑이 있었다. 앞에서 말했듯이 시험이 끝난 지 얼마 되지 않아 장기자랑에 큰 기대는 하지 않았다. 하지만 '푸바오'(최근 인기를 끌었던 판다의 이름)를 닮은 선생님이 진행을 맡아주셨는데 흥이 많으셨다. 덕분에 끌어올려진 분위기 속에서 첫 무대는 '신해철-그대에게'였다. 첫 순서여서 많이 긴장했을 텐데 성공적으로 노래를 불렀다. 무대를 뛰어다니며 박수도 받고 떼창까지 유도했는데 마이크가 열정을 담지 못했는지 아쉽게 순위에 오르지는 못했다. 개인적으로 1등을 받을만한 무대였다고 생각한다. 이외에도 다양한 무대가 있었다. 영상을 찍는 사람도 많았고 무대 자체를 즐기는 사람도 많았다.

어두운 강당의 무대 위 화려한 조명 덕에 집중이 잘 되었다. 수련회에 와서 가장 기억에 남을 순간인 것은 부정할 수 없었다. 예상 시간보다 1시간 정도 더 길어진 장기자랑이었는데, 목소리도 안 나오고 박수칠 힘이 사라질 정도로 소진이 되자 장기자랑이 끝났다. 1등은 TWICE-TT를 춘 팀이 가져갔다. 여러 명이 합을 맞추고 열심히 노력한 흔적이 보였다. 기진맥진한 상태로 숙소에 도착하니 저녁 점호 전까지 잘 준비를 끝마쳐야 했다. 종일 돌아다녀서 땀에 절어, 빨리 샤워하고 싶었다. 저녁 점호까지 시간이 촉박해서 우리는 뒷사람을 위해 최대한 빠르게 씻고 나와 양치질은 다 같이 하기로 했는데 우리 반이 이렇게 단합을 할 수 있다는 게 놀라웠다. 모두가 다르고 개성이 넘치는 우리였기에 합을 맞춘다는 것은 상상도 할 수 없었는데 수련회가 이것을 가능하게 했다.

2일 차, 아침이 밝았다. 우리 반은 5시 30분에 모두 일어났다. 새벽에 축구 경기가 있어 일찍 일어난 친구들이 있었는데, 곤히 자고 있는 친구들을 가만히 놔둘 리가 없었다. 상쾌한 아침을 맞이하도록, 먼저 일어난 친구들이 자는 친구들을 하나씩 깨웠다. 일찍 일어난 김에 이부자리를 정리하고 나갈 준비를 천천히 할 수 있었다. 옆 반도 일찍 일어났는지 벽을 치며 신호를 보내왔다. 서로에게 잘 잤냐고 모스부호를 보내는 것 같았다. 중학교에서 배운 펜 비트를 이런 곳에서 사용하게 될 줄은 꿈에도 몰랐다. 물을 마시는 척하며 문밖으로 나가 선생님들이 계시는지 확인했다. 아침 일찍부터 복도 가운데에 있는 의자에 앉아 계셨는데 잠을 못 주무셨는지 커피를 마시고 계셔서 죄송했다. 빠르게 아침 점호를 하고 아침 식사를 하는데 여자아이들도 얼굴이 초췌해 보였다. 밤새 비밀스러운 이야기들을 했을 것으로 보인다. 원래는 아침을 안 먹는 편인데 아침을 먹으니 건강해지는 느낌이 들었다. 간단한 빵과 시리얼이 나와서 가볍게 먹기 좋았다.

아침을 먹고 '미션 포토타임', '플라잉디스크', '양궁 서바이벌', '카프라', '명랑 운동회'를 했다. '미션 포토타임'은 수련관 전체를 돌아다니면서 콘셉트에 맞는 사진을 찍는 활동이었는데, 자연스레 사진을 찍으며 추억을 남길 수 있어서 좋았다. 2일 차는 1일 차에 비해 몸을 움직이는 활동들로 가득 차 있었다. 하지만 기대가 너무 컸는지 활동들이 대부분 아쉬웠다. 체육대회의 미리보기 같은 느낌이었는데 1일 차의 강렬함을 따라갈 수 없었다. 저녁을 먹은 후에는 '판타스틱 타임'을 보냈다. 말 그대로 정말 환상적인 시간이었다. 마치 클럽처럼 조명을 비추고 춤을 췄다. 안 친한 친구더라도 모두가 함께 춤을 췄다. 그리고 다짐의 시간이 찾아왔다. 수련회를 간 5월 8일은 어버이날이었다. 진행하시는 선생님은 비록 우리가 2박 3일이라는 짧은 시간 동안 스쳐 지나가는 사람이지만 이것만은 꼭 알려주고 싶다고 하셨다.

"가족에게 잘해주세요."

뉴스를 보면 우울한 얘기만 나오는 세상에서 기댈 수 있는 사람은 가족밖에 없다고 하셨다. 가족에게 이런 날에만 사랑한다고 말하지 말고 평소에도 사랑한다는 말을 자주 하라고 하셨다. 사랑한다는 말을 언제 마지막으로 했는지 기억이 나지 않는다. 가족을 사랑하는 건 당연한 건데 사랑한다고 말하는 것은 당연하지 않았다. 눈물이 날 것 같았지만 눈물은 흐르지 않았다. 시간이 지날수록 감정이 무뎌지는 것 같았다. 어렸을 때는 사랑한다는 말도 자주 했고 울음도 많았는데 시간이 지날수록 무뚝뚝해지는 것 같다. 그래도 선생님 같은 사람들 덕분에 학교에서는 배울 수 없는 다른 소중한 것을 배운 것 같아서 감사했다. 몇몇은 울고 있었고 나머지는 울음을 참고 있었는데 거기 있던 모두가 다 같은 마음인 것은 틀림없다. 숙소로 돌아와서 집으로 돌아가기 전 마지막 밤이었다. 어제와 같이 저녁 점호를 하고 불을 껐지만 잠이 오지 않았다. 딱히 덥거나 추워서 잠이 오지 않는 게 아니라 마음이 싱숭생숭했다. 다른 친구들도 마찬가지로 잠을 자지 않았다. 서로의 비밀을 하나씩 얘기하면서 누굴 좋아하는지, 무슨 일이 있었는지 등 다양한 자신들만의 비밀을 털어놓았다. 누구도 비밀을 듣고 비웃지 않았고 묵묵하고 진지하게 들어줬다. 남자애들과 이러한 이야기를 할 줄 몰랐는데 그날의 분위기가 많은 걸 바꿔 버렸다.

기절하듯이 잠들어서 마지막 날 아침이 되었다. 머물렀던 숙소에서 짐을 모두 복도로 빼고 방을 정리했다. 비록 2박 3일밖에 지나지 않았지만 텅 빈 방을 보고 있으면 정말 집을 떠나는 느낌이 들었다. 퇴소식을 앞두고서 우리가 했던 활동들을 사진으로 보여주셨는데 기억 하나하나가 떠올랐다. 그렇게 퇴소식이 끝났다. 버스를 타고 학교로 돌아가는 길은 피곤함에 반 전체가 잠들어서 조용하게 갈 수 있었다.

이희주(2016~2017. 18대 회장) 선배님 인터뷰

_ 노정현

혁신학교 10년 차를 맞이하여 학교를 기록하는 책을 내게 되었고, 그 기록을 위해 선배를 인터뷰할 수 있는 기회가 생겼다. 졸업한 선배들의 이야기가 너무나 궁금했다. 7년 전의 당진고등학교는 어떤 모습이었을지가 궁금했다. 대면으로 만나 선배들과 다 같이 모여 이야기할 수 있었으면 좋았겠지만, 시간을 맞추기 어려워 비대면으로 하였다. 25대인 내가 18대 회장이셨던 선배님을 인터뷰하는 게 너무 떨렸다. 김현한 선배가 먼저 질문을 하고 궁금한 것이 있으면 내가 질문하는 식으로 진행됐다.

당진고등학교 다니면서 가장 인상 깊었던 일은 무엇이었나요?

여러 가지가 있지만, 그중에서도 전교회장이 됐던 순간이 가장 기억에 남아요. 지현 언니 때부터 학생회 활동을 해왔고, 당진고등학교에 입학하기 전부터 학생회에 대해 준비를 많이 했거든요. 특히 점심시간에 운동장 주변 보도블럭을 돌면서 친구들과 나누던 대화들이 정말 소중했어요. 그때 많은 친구들이 함께 걸으며 웃고 이야기하는 시간이 참 행복했죠. 여자친구들은 점심을 먹고 꼭 그 길을 돌았고, 그 길을 우리는 '회전 초밥'이라는 명칭으로 불렀어요. 그때 남자애들은 축구를 하거나 체육관으로 가곤 했어요. 또 고3 때 자습하는 날들이 기억에 남는데, 수능 준비를 하느라 자습 운영을 했던 것이죠. 그때의 긴장감과 열정이 지금도 생생해요.

당진고등학교 생활은 어땠나요?

정말 좋았어요! 공부만 하는 분위기의 학교는 절대 가고 싶지 않았는데, 당진고등학교는 다양한 활동이 많아서 공부에 대한 긴장감을 풀 수 있는 기회가 많았어요. 삼겹살데이나 숨데이 같은 특별한 행사들이 있었는데, 이런 활동들이 친구들과의 유대감을 더욱 깊게 만들어 줬죠. 졸업한 친구들도 여전히 자주 만나고, 그때의 추억들을 나누는 게 정말 좋습니다. 다른 학교와 비교했을 때 당진고등학교가 제일 잘 맞는 것 같았어요.

학생회 사업 중에서 특히 기억에 남는 사업이 있다면 무엇인가요?

당시 학생회장으로서 '학생들이 만드는 학교가 되자'라는 공약을 내걸었어요. 방송실에서 연설하고 반에 중계되는 방식으로 진행했는데, 단일 후보로 나선 만큼 아쉬움도 조금 남았어요. 다음 학생회장 선거에서는 후보자 연설과 토론회를 통해 학생들의 관심을 끌고 질의응답도 진행했어요. 그 과정이 정말 좋았고, 학생들이 직접 참여하는 분위기가 만들어졌던 게 기억에 남아요.

학생회 선거 때 어떤 공약을 했고, 그걸 어떻게 이행했는지 이야기해 주세요.

선거운동을 하면서 소통을 위한 공간을 만들고자 했는데, 사실 그건 잘 이루어지지 않았어요. 대신 도서실에 프린터기를 설치하는 걸 추진했어요. 학생들이 편리하게 이용할 수 있도록 하려는 노력이었죠. 그 결과로 많은 친구들이 도움이 됐다고 이야기해줘서 보람을 느꼈어요.

고등학교 생활에서 아쉬웠던 점은 뭐였나요?

가장 큰 아쉬움은 예산이었어요. 정해진 예산 안에서 새로운 활동이나 공약을 실현하기가 정말 힘들었거든요. 하지만 전체적으로는 학교 생활에 만족스러웠고, 많은 지원을 받았어요. 교장 선생님과의 소통도 활발하게 이루어져서 도움이 많이 됐죠.

학생회 다모임에서는 어떤 일이 있었나요?

학생회 전체 회의와 교장, 교감 선생님과의 회의가 있었어요. 시험 기간 제외하고 매주 회의를 진행했는데, 장소는 교과실에서 진행했어요. 회의는 진지하게 운영되었고, 부서별 브리핑 시간도 마련돼서 서로의 의견을 나눌 수 있었죠. 회의가 끝난 후에는 회식으로 분위기를 풀어내곤 했어요.

당진고등학교 시절이 현재 생활에 어떤 영향을 미쳤나요?

당진고등학교는 저에게 많은 영향을 줬어요. 학생회 활동을 통해 책임감과 자주성을 배웠고, 대외 활동을 하면서 시야가 넓어졌어요. 학교 자치의 중요성을 깨달았고, 리더로서의 경험이 정말 소중했죠.

학생회장 연합회(DSP) 활동에 대해서도 이야기해 주세요.

저는 2기 활동을 했어요. 김주영 선배님이 주도해서 당진청소년 행사나 학교 자치에 관한 회의를 진행했어요. 학교별로 교류하는 건 많지 않았지만, 당시 호서고등학교는 동아리 활동이 잘 돼 있어서 선후배 간의 교류가 활발했어요.

학생들에게 정보를 전달하는 방식은 어땠나요?

페이스북이나 종이를 이용해서 정보를 전달했어요. 교내 게시판이나 교무실 마이크도 자주 사용했죠. 이런 방식으로 학생들과 소통하려고 노력했어요.

요즘 당진고등학교에 대해 궁금한 점이 있다면?

요즘 당진고등학교의 이미지는 어떤지 궁금해요. 수시를 원하는 학생들이 많이 온다는 얘기가 들리더라고요.

마지막으로 나에게 당진고등학교란? 학교가 그리웠던 순간은요?

당진고등학교는 정말 좋은 선택이었어요. 힘든 시간이었지만, 친구들과의 소중한 기억이 많고, 지금도 가끔 연락하는 선생님들이 있어서 그게 참 좋습니다. 친구들을 자주 못 만나는 게 아쉬운 점이지만, 현실적으로 열심히 하는 게 중요하다는 걸 많이 느꼈어요.

학교 선배이자 인생의 선배인 분에게 당시의 상황과 이야기를 들으니 정말 색다른 경험이었다. 선배님의 생생한 이야기 덕분에 학교생활을 어떻게 잘 할 수 있을지에 대한 귀중한 조언도 많이 얻었다. 그래서 정말 뜻깊고 의미 있는 시간이었다. 선배님의 경험담을 통해 더 넓은 시야를 가질 수 있었고, 앞으로의 학교생활에 대한 방향성도 더욱 확고해진 것 같다.

6월

*

오르막길

구스타브 카유보트 <오르막길>

함께 걷는 것
응원하는 마음
지지하는 말
서로의 일을
대신해 줄 수는 없지만
해낼 수 있는 힘을 줍니다.

인상주의 화가를 후원했던 것으로 알려진 구스타브 카유보트는 부유한 집에서 태어나 남부러운 것 없는 삶을 살았던 사람입니다. 고등교육을 받았으며 법학을 전공해 변호사 자격증을 취득했습니다. 그런 그가 그림을 좋아해 에콜 데 보자르에 진학하여 르누아르의 소개로 인상주의 그룹에 합류했고 당시 가정 형편이 어려워 곤란을 겪던 인상주의 화가들을 지원했던 것으로 유명합니다. 그는 인상주의 화가들의 든든한 지지자였습니다. 기존의 예술계에서 벗어나 자신들만의 세계를 구축하며 새로운 예술을 하려는 사람들인 인상주의 화가들을 지지하는 카유보트의 마음은 그들과 함께하고 싶은 마음이었을 것입니다.

교사 이준민

캠페인 자랑 # 여름의 팥빙수＝사막의 오아시스
내 수업을 보여주다

🙂 캠페인 자랑

어느덧 6월 초가 되었다. 학교의 특성상 시기별로 어느 정도 정형화된 일정이 진행되다 보니, 시간의 흐름에 예민해진다. 1회 고사가 끝난 지 얼마 되지 않은 것 같은데, 운명처럼 2회 고사가 다가오고 있다. 2회 고사 출제 기한이 얼마 남지 않았다. 1회 고사 후 많은 행사가 진행되었고, 시험 기간이 다가오기에 많았던 행사들도 막바지를 향하고 있다. 이번 주는 특히 평화통일과 호국 보훈 내용을 포함한 인성교육 주간이었다. 내가 직접 담당하지는 않았지만, 바로 옆자리에 앉아 계시는 우리 부서 선생님이 관련 캠페인을 주관하셔서 돕고 싶었다. 그래서 함께 점심 시간에 캠페인을 진행했다. 그 내용으로는 독립운동가에게 편지 쓰기, 4행시 추첨 등 학생들이 관심 가질 만한 내용이었다. 특히 고마운 것은 도움을 주기로 한 학생들이었다. 형식적으로 시키는 것만 할 수도 있지만, 시키지 않아도 무척 적극적으로 교내 캠페인에 참여해 주었다. 특히 한 학생은 호객행위를 하는 것처럼, 더운 날씨에도 건물 밖으로 나가 학생들의 캠페인 참여를 독려하기도 했다.

반대편 부스에서는 다른 학생들이 환경과 관련한 캠페인도 진행하고 있었다. 환경 관련 퀴즈를 맞히면 상품을 주는 것이었는데, 부끄럽게도 나도 몇 문제 틀렸다. 이 학생들은 특히 담당 교사와 함께 캠페인을 직접 계획한 학생들이었다. 이들 또한 마치 많은 학생을 모으면 상을 받는 것처럼 경쟁적으로 캠페인을 주도하였다. 얼마 전 전문적학습공동체 활동을 하면서, 다른 교사들에게 당진고등학교의 강점을 조사해본 적이 있다. 그때 대부분의 교사가 학생들의 높은 성실성과 자율성을 강점으로 꼽았던 것이 기억난다. 다들 왜 그렇게 입을 모아 말했던 것인지 시간이 갈수록 깨닫고 있다.

🤕 여름의 팥빙수＝사막의 오아시스

지난주까지 이 정도로 덥지는 않았는데, 한껏 더워진 것을 보니 드디어 여름이 찾아왔다. 더워지는 날씨 속에, 내 의도와 상관없이 조금씩 지쳐간다. 가뜩이나 오늘은 시간표상 수업이 가장 많은 목요일이다. 요즘엔 여름에 냉방이 잘 되다 보니 학생들은 추워서 겉옷을 입고 있지만, 맨 앞에 나와서 수업을 진행하다 보면 이상하리만치 덥다. 내가 단순히 앉아 있는 것이 아니라 설명하면서 계속 움직여야 하고, 목에도 힘을 주어야 하기 때문일 것이다. 그렇게 더운 와중 수업을 하다 보니 어느덧 오늘의 마지막 수업인 6교시가 끝났다. 6교시가 끝난 오후 3시 30분은 아직 더운 시간이다. 마침 7교시에는 수업도 없으니, 음료수든 아이스크림이든 잔뜩 먹어버리고 싶은 순간이었다.

마침 그때 한 통의 전화가 걸려 왔다. 바로 교사 휴게실로 팥빙수를 먹으러 올라오라는 한 2학년 담임선생님의 전화였다. "준민쌤, 2학년 팥빙수 먹으러 와요! 녹으니까 빨리 오셔야 돼요!" 목소리를 듣는 순간 그 선생님께서 오늘 아침부터 6교시가 끝나면 빙수를 꼭 먹으러 와야 한다고 신신당부하셨던 장면이 머릿속에 생각났다. 저번에 국어 수행평가 진행을 도와드려 나를 비롯한 몇 명의 선생님들에게 팥빙수를 사주신다고 하셨었다. 기억을 되살린 나는 휴게실로 부리나케 달려갔다. 휴게실로 가니 시간이 맞는 두 분의 선생님께서 이미 모여 계셨다. 휴게실에서 팥빙수를 꺼내주시는데 매우 큰 크기의 팥빙수를 1인당 하나씩 먹을 수 있도록 준비해주셨다. '이만한 걸 다 먹을 수 있을까?' 속으로 생각했다. 하지만 한입을 먹고 나니, 충분히 다 먹을 수 있을 것 같았다. 마치 사막에서 오아시스를 발견하면 이런 기분일까 싶었다. 차가운 빙수가 술술 넘어갔다.

빙수도 맛있게 먹었지만, 그 분위기 자체가 참 좋았다. 나는 90년대생으로 당진고등학교 교사 중 나이가 매우 어린 축에 속한다. 반대로 오늘 팥빙수를 사주신 선생님은 우리 학교 최고령으로, 아버지보다 연세가 많으시다. 그렇게 어쩌다 보니 90년대생, 80년대생, 60년대생 교사들의 조합으로 팥빙수 타임을 가지게 되었다. 같이 둘러앉아 빙수를 먹으면서 한 시간 동안 많은 이야기를 나누었다. 가벼운 농담부터, '학생들을 미래에 어떻게 성장하도록 가르쳐야 할 것인지', '수업 시간에 정치적인 소재를 어떻게 다룰 수 있는지' 등 진지한 주제들이 오갔다. 나보다 훨씬 경험 많은 선생님들에게 많이 배우기도 하면서, 한편으로는 쉬는 와중에도 그런 주제의 이야기들이 오갈 만큼 학생들을 많이 생각하고 계시다는 사실에 감탄했다. 팥빙수도 물론 맛있었지만, 이렇게 연령대를 불문하고 같이 모여 자신의 의견을 말하고 토론하는 분위기가 참 좋았다. 나보다 인생의 경험이 많은 사람에게 인생을 배운다는 것은 즐거운 일이다. 교사라는 지위에서, 아이들을 성장시키려면 나도 성장하는 사람이어야 한다는 것을 다시 한번 느낀 하루다.

🧑 내 수업을 보여주다

교사가 아니더라도, 학교에서 일정 주기마다 공개수업을 진행한다는 것은 모두 알고 있을 것이다. 학창 시절 공개수업에 학생의 입장으로 참여해 본적은 많다. 공개수업이 진행되는 날의 풍경 역시 기억난다. 뒤에 학부모 혹은 다른 선생님들이 서 계셨고, 교과 선생님들은 정장을 입고 평소보다 긴장된 표정으로 수업을 진행하셨다. 마찬가지로 우리 학교에서도 교사의 수업 능력 신장을 위해 자율적인 수업 공개를 장려하고 있으며, 수업 공개 주간을 운영하고 있다. 마침 수업 공개 주간이다. 다른 선생님들에게 수업 공개 일정을 말씀드리고 호기롭게 안내서를 작성하였다. 하지만 막상 내 수업을 공개하려고 하니 걱정과 부끄러움이 몰려왔다. 3월 이후 또 다른 난관 하나를 맞이한 기분이었다.

교육학을 공부하면서, '장학'이라는 단어를 접했던 것이 기억났다. 스스로 되뇌었다. '아무리 부끄러워도 할 건 해야 해! 교사잖아!' 그러니 내 수업을 보여주는 것은 하나의 숙명이라고 여기게 되었고, 마음 편하게 공개하기로 했다. 공개한 수업은 3학년의 경제 수업이었다. 수업에 동 교과 선생님께서 들어오셨다. 사실 특별한 수업을 하지는 않았다. 다른 수업 기법을 적용하지는 못하고, '관세와 무역 규제' 부분을 그래프를 그려가며 설명했다. 처음에는 무척 긴장되었으나 갈수록 평소 수업하던 것처럼 최선을 다해 수업을 진행했다.

나름 만족스럽게 수업이 끝나고, 참관에 참여한 선생님의 피드백 중에 인상 깊은 것이 있었다. "할 수 있는 선에서 최선의 수업이었던 것 같아요."라는 피드백이었다. 언뜻 보면 만족스러울 수 있지만 한 대 맞은 것 같은 느낌이 들었다. '할 수 있는 선'을 내가 먼저 만들어버린 것 같았기 때문이다. 경제 수업에 참여하는 3학년 학생 중 일부는 정말 관심 있어 수강을 선택했지만, 그렇지 않은 학생들도 꽤 많다. 특히 일부는 수능을 중점에 두고 있어, 뒷자리에 앉아 다른 과목을 공부하기도 한다. 이 학생들이 나쁜 학생들이라 그렇다고 생각하지 않는다. 다만 처한 상황에 따라 합리적으로 행동하는 것이다. 처음에는 이 학생들을 참여시키고 싶어 갖가지 노력을 했었다. 그러다 어느 순간 '잘 듣는 학생들이라도 잘 배울 수 있는 수업을 하자!'라고 스스로 합리화하며 수업하기 시작했다.

수업 공개 덕분에 내 수업을 돌아보게 되었다. 특히 어느 순간 '할 수 있는 선'을 만들어 버린 자신에 대해 반성하게 되었다. 그러한 문제에 대한 답을 '수업 나눔'을 하며 찾아보고 싶었다. '수업 나눔'은 수업 공개 후 필수적인 절차로, 자신의 수업을 공유하고 이야기를 나누는 것을 말한다. 당진고등학교에서는 모든 교사의 전문적학습 공동체 참여가 필수이기 때문에 전문적학습공동체별로 수업 나눔을 진행하기로 하였다. 여기서 내가 수업하면서 느낀 점과, 어려웠던 점을 모두 토로했다. 다른 선생님들도 그런 어려움을 가지고 있었고, 이를 극복하기 위해 어떤 방안을 사용하였는지 이야기가 오갔다.

내 수업을 중심으로 같이 해결 방안을 고민해 주어 감사했다. 그 안에서 참고할 수 있는 것을 많이 얻었다. 덕분에 내 수업이 가진 문제점을 파악하고 어떻게 수업을 발전시켜야 하는지 조금씩 생각해 보게 되었다. 그럼에도 확실한 답을 찾지 못한 것을 보면 교사에게 수업은 중요하고도 참 어려운 문제인 것 같다. 다만 지금은 신규교사이지만 2년 차, 3년 차 교사가 될수록 발전하는 모습을 보고 싶다. 따라서 부족할지라도 조금 더 적극적으로 수업을 공개해 보려고 한다.

♡ ◯ ▽   🔖

교사 임계은

공부의 목적 　# 어떤 보상이 좋을까?

🔖 공부의 목적

학생들이 자습을 하고 있었다. 한 학생이 심각한 얼굴로 있어 물어봤다.

"무슨 고민 있어?"
"너무 할 게 많아요. 어떻게 해야 할지 모르겠어요."
"시험 기간이니까 시험공부 하면 되잖아."
"그런데 학원 숙제 때문에 다른 공부할 시간이 없어요."
"학원은 시험공부 하려고 다니는 거 아니야?"
"맞아요. 근데 국어랑 수학 다니는데 학원 숙제 때문에 다른 과목 공부할 시간이 없어요."
"에구, 네 학습 목표에 맞춰 학습량을 조율하고 방법을 세워야지. 선생님과 상의해서 숙제를 줄이는 게 좋을 거 같은데…."

이어 꼬리를 무는 질문으로 공부를 왜 하는지 묻고 싶었으나 지금의 문제만으로도 심각해 보여서 일단 여기까지만 이야기를 나눴다. 학교에

다니고 있으나 왜 공부를 하는지에 대해 고민을 하는 시간은 없다. 학교를 다니면서 주어진 것들을 학습하고 근본적인 질문은 빠져 있다. 어떤 일을 하고 싶은지와 그를 위해서 무엇을 준비하면 되는지를 모르는 경우가 꽤 있다. 그러고 나서 드는 생각은 과연 나는 어떻게 살고 있는지다. 학교의 업무로 하고 있는 일들에 대해 의문을 품지 않고 무조건 하고 있는 것은 아닌지, 이 일을 하는 궁극의 목표는 무엇인지 말이다. 마음속에 품어야 하는 질문이 있다.

'과연 이 일은 왜 하는 것인가?'

그 물음에 대한 깊은 성찰 없이 무조건적으로 행동하는 것은 삶을 노예처럼 만드는 결과를 초래할 수 있다. 그렇게 되면 일의 중요도와 상관없이 급한 일 처리에만 쫓기게 된다. 다른 곳도 마찬가지겠지만, 학교에서도 관습적으로 이어지는 일들이 많다. '작년에 했으니까 올해도 하고, 내년에도 할 것이다.'라는 생각이 지배적이다. 물론 꼭 해야 하는 일들이 대부분이지만, 그 일을 왜 하는지에 대한 고민과 단순히 따라가는 것에는 분명한 차이가 있다.

자신이 질문을 던지는 순간, 그 일은 스스로 변화를 줄 수 있는 대상이 된다. 많은 일들이 한꺼번에 몰려올 때는 각 일의 중요도에 따라 우선순위를 정할 수 있으며, 심지어 일 자체를 개선하고 새롭게 바꿀 수도 있다. 과중한 업무에 시달리는 학생들을 보며 현실의 교사들이 오버랩 되는 순간이 있다. 많은 학교 업무 속에서 허우적대며 더 이상 깊이 생각하기 어려운 현실 말이다. 하지만 새로운 것을 실천하기 위해서는 덜어내는 것이 필수적이라는 말이 있다. 모든 새로운 것을 시작하려면 이전의 것 중 불필요한 것을 덜어내야만 제대로 이룰 수 있다. 이러한 과정은 단순히 일을 줄이는 것이 아니라, 진정으로 중요한 것에 집중할 수 있는 기회를 제공한다. 자신의 삶과 일에 대한 성찰을 통해 더 나은 방향으로 나아갈 수 있는 길을 찾아가는 것이 중요하다.

어떤 보상이 좋을까?

수업 시간에 무언가를 잘한 학생들에게 간식을 주거나, 참여도를 높이기 위해 간단한 선물을 준비하는 경우가 있다. 그런데 당진고등학교에 처음 와서 이런 간식을 받는 학생들의 모습은 조금 생소하게 느껴졌다. 내 느낌에 그들은 좋아하기보다는 어색함을 느끼는 것 같았다.

그리고 시간이 지난 어느 날, 혁신학교 관련 독서 모임에 참석했을 때 한 선생님께서 하신 말씀이 기억난다.

"요즘 학교에서 상품권을 만들어 모범이 되는 행동을 한 학생에게 나눠주거나 보상으로 사용하려고 해요. 그런데 저는 이게 조금 위험하다고 생각해요. 이런 작은 외적 보상이 확대되면 자신의 선한 의도가 사라지는 현상이 발생할 수 있거든요. 보상 때문에 행동을 하게 되고, 오히려 교육적으로 긍정적이지 않다고 봐요. 하지만 그걸 담당하는 선생님이 이를 멈추기란 쉽지 않더라고요."

"맞아요. 그걸 인지하지 못할 수도 있고, 본인이 계획한 것이 활발한 반응을 유도할 수 있다는 점에서 긍정적인 효과를 기대하고 하니까 비판하기는 어려울 것 같아요. 오히려 전 교사 다모임 시간에 학생들의 동기 유발에 대해 토론하면서 생각해 보는 시간을 갖는 게 좋을 것 같아요."

이런 의견들이 오갔다. 학생들의 표정이 떠올랐다. 작은 보상이나 간식으로 좋아하기보다는 쑥스럽고 어색한 태도를 보였던 기억이 있었다. 당연히 좋아하리라 생각하고 그런 보상을 계획했지만, 오히려 자신이 하고자 한 일에 대한 이런 보상이 기분 좋은 일이 아니었을 수도 있다. 이곳에서 1년쯤 지나자, 학생들의 성향을 조금이나마 알게 되었다. 보상이 없더라도 자신이 하는 일에 보람과 기쁨을 느끼며 활동하는 경우가 많다는 것을 깨달았다. 자신의 선한 행동에 작은 미소와 응원의 표정이 더 큰 기쁨으로 다가온다는 사실을 느끼게 되었다. 또한 교육에 대한 생각도 많아졌다.

교사의 작은 행동과 한 마디 메시지가 학생들의 마음을 변화시킬 수 있으며, 그것이 행동의 변화로 이어질 수 있다는 것을 깨달았다. 매번 같은 행동이 같은 반응을 이끌어 내지 않으므로, 모든 일은 변화의 과정에서 다른 방식으로 대응해야 한다는 것을 알게 되었다. 하지만 학생을 올바르게 자라게 해야 한다는 목표는 변하지 않을 것이다. 그 본질에 마음이 가장 중요하다는 것을 다시 한번 느꼈다.

교사를 꿈꾸다, 연극에 빠지다

나의 꿈은 교사다. 교사 중에서도 초등교사를 꿈꿨지만, 성적이 좋지 않은 탓에 사범대를 목표로 하고 있다. 고등학교에 올라오면 3년 동안 하게 되는 것 중 하나가 동아리 활동이다. 학교마다 다르겠지만 당진고등학교는 1학년과 2학년이 함께 동아리 활동을 하고 3학년은 3학년끼리 한다. 또 신입생, 즉 1학년은 2학년으로 구성되어 있는 동아리에 지원하여 들어간다. 동아리에 지원할 땐 자신의 희망 진로에 맞춰 들어가라고 하지만, 아직 희망하는 진로가 없기도 하고 희망하는 진로가 바뀌는 경우가 흔하며, 이로 인해 동아리를 바꾸기도 한다. 1학년 때부터 교사를 희망하였기에 1학년, 2학년, 3학년 모두 교육 동아리에 속했다. 그리고 교육 동아리라면 한 번쯤 들어봤을 활동인 교육봉사가 오늘의 주인공이다. 초등교사가 꿈인 이유를 간단하게 말하자면 아이들을 보는 것을 정말 미치도록 좋아한다. 너무 단순한 이유 아니냐는 생각이 들 수 있지만 단순한 건 맞다. 아이들을 돌보고 동시에 내가 아는 지식을 누군가에게 알려주고, 학생들이 학교에서 좋은 기억만 가득하여 사회에 나아갔으면 하는 바람에 교사라는 꿈을 갖게 되었다. 요새 교권, 교사에 대한 처우 등 부정적인 인식이 떠오르고 있지만 교육봉사를 할 때면 교사가 꼭 되어야겠다는 생각을 수없이 했다.

교육봉사는 1학년 때부터 지금까지 3년째 해오고 있는데 후배, 친구들, 선배님들, 선생님께 항상 들었던 얘기가 있다. "넌 진짜 교사해야겠다.", "평소 모습이랑 완전 다르다.", "수업 진짜 잘한다.", "목소리가 달라진다." 등등 칭찬을 해 주는 고마운 분들이다. 내가 수업하는 모습을 보면 알겠지만 정말 평소랑은 차원이 다른 텐션과 목소리, 말투가 나온다. 쉽게 교사와 뮤지컬 배우를 합한 느낌이라고 생각하면 될 듯하다. 수업을 주제로 한 연극을 보고 있는 듯한 분위기가 나지 않을까 생각이 든다. 아이들이 내 수업에 잘 참여해 주고 "김현한 선생님!"하고 불러줄 때마다 심장이 내려앉고는 한다.

당진고등학교에는 연극 동아리 '아덴(Arden)'이 있는데 지난 25일에 있었던 당진시청소년어울림마당에서 무대를 선보였다. 이 행사에서 부스를 운영하기도 하고 당진시모범청소년으로 표창을 받아 참여하게 되었는데 자연스레 아덴의 연극까지 보게 되었다. 연극을 보면서 문득 내가 교육봉사하는 모습이 떠올랐다. 수업하는 자신감이라면 연극도 재밌을 것 같다는 생각이 들었다. 어렸을 때부터 이런저런 분야의 각종 활동을 하는 것을 좋아했고 뭐든 시도하는 것을 굉장히 좋아했다. 그러나 학년이 올라가면서, 학업의 비중이 커지고 지금도 마음만은 전국 팔도를 돌아다니며 각종 분야의 활동, 체험 등을 하고 있지만 공부가 중요하기도 하고 선생님께서도 말리시는 편이다. 아덴이 무대를 마치고 동아리원들끼리 즐거워하는 모습을 보니 당장이라도 동아리에 들어가고 싶은 마음이었다. 진로를 '연극 쪽으로 바꾸면 어떨까, 취미로라도 연극을 배워볼까?'하며 관심이 생겼다. 하지만 고3만큼 중요한 시기는 없기에 지금은 대학교에서의 내 모습을 상상하며 욕구를 억누르는 중이다.

당진시 고등학교학생회장단연합회(DSP)

'당진시 고등학교학생회장단연합회(DSP)'는 당진고등학교, 당진정보고등학교, 서야고등학교, 송악고등학교, 신평고등학교, 합덕고등학교, 합덕제철고등학교, 호서고 등 학교의 회장단들이 속해 있는 연합회로, 작년에 임기가 시작됐다. 처음에는 당진 8개 고등학교 회장단이 모여서 그런지 굉장히 낯설고 긴장감이 감돌았다. 특히 내가 고1이라 선배들을 어떻게 대해야 할지 몰라서 더 그랬다. 각 학교에 고1 부회장이 있었지만, 처음 만났을 때는 내가 막내라는 사실이 부담이었다. 그러나 몇몇 회장단 선배들이 서로 친하다는 것을 알고 나니 분위기가 한층 가벼워졌다. DSP가 모이기 전에 서야고등학교, 당진정보고등학교, 호서고등학교 회장 선배들과 초·중·고 학생회 교류 캠프와 원탁토론회를 다녀온 경험

덕분에 조금은 친분이 있었던 것도 도움이 되었다. 그럼에도 여전히 긴장된 마음은 감출 수 없었다.

그날 회의에서는 '당진 청소년 문화의 집에서 진행하는 수능 후 문화사업을 어떻게 운영할지'에 대해 논의했다. 마침 수능 후 문화사업 날짜가 우리 학교 시험 기간과 겹쳐 어쩔 수 없이 행사에는 참여하지 못하고 의견만 내게 되었다. 다른 학교 회장단들의 사업을 들으면서 '우리 학교도 보완할 점이 있구나.'라는 생각이 들었다. 또, 회장단과 사적으로 만난 것은 처음이라 서로 더 친해질 수 있는 계기가 되었다.

이후 수능 후 문화사업을 마치고 공백기가 있던 차에, 작년에는 DSP 담당 선생님이 없었지만, 올해 새로 선생님이 들어오셨다. 3월 초에 다시 모여 회의를 진행하면서 선생님 소개와 각자 회장단 소개를 했다. 회장단은 거의 다 아는 사이여서 정말 재미있게 회의를 진행할 수 있었다. 이번 회의에서는 'Hi? Teen! 문화축제'의 콘셉트에 대해 논의했는데, 여름 콘셉트와 청량한 콘셉트 등의 아이디어가 나왔다. 이를 바탕으로 다음 회의도 진행했다. 두 번째 회의에서는 경연대회에 출전할 희망 동아리를 공유하는 시간을 가졌다. DSP에서는 진행&이벤트팀, 홍보&디자인팀으로 나누었고, 'Hi? Teen! 문화축제' MC를 모집하며, 나는 이번 기회가 아니면 다시는 못 할 것 같아 지원하게 되었다.

이후 'Hi? Teen! 문화축제' 전 회의에 참석했다. 동아리 대표자 안내와 DSP 업무 분장도 하였고, MC끼리 합을 맞춰보았다. 생각보다 잘 맞아서 뿌듯했다. DSP 공유 이벤트도 만들고, 직접 홍보하여 DSP의 SNS 계정을 널리 알렸다. 그 결과 약 70명의 팔로우를 얻었다. 드디어 기다리고 기다리던 'Hi? Teen! 문화축제' 리허설을 하게 되었다. 다른 학교들이 리허설하는 모습을 보면서 나도 덩달아 신나서 춤추고 호응해주며 즐거운 시간을 보냈다. 아침 수업을 열심히 듣고 와서 피곤하긴 했지만, 다른 DSP 회장단들과 함께하여 정말 재미있었다. 특히 우리 학교 연극부 친구들이 생각보다 잘해서 감탄하기도 했다.

그리고 다음 날, 드디어 'Hi? Teen! 문화축제'가 진행되었다. 오전 7시 30분쯤 집을 나서 당진문예의전당에 도착했다. 같이 MC를 보게 된 부회장 선배가 표창을 받게 되어 홀로 표창 수여식을 진행하게 되었다. 그동안의 연습 덕분인지 발음이 꼬인 것 말고는 순탄하게 진행할 수 있었다. 행사 시간이 다가오자 원래 떨지 않았던 나도 조금 긴장되었지만, 말을 하다 보니 그 떨림도 잊고 잘 진행할 수 있었다. 다행히 실수하지 않고 맡은 임무를 마무리할 수 있어 후련했다. '내가 할 수 있는 건 다 했다.'라는 생각이 들었고, 저번 체육대회 진행 중 있었던 실수를 만회했다는 기쁨이 더해졌다. 무대 뒤에서 공연하는 다른 팀들을 보며 신나게 춤도 추고 노래도 불렀다. 이게 DSP의 묘미이다. 모두가 맡은 역할을 잘해주었고, 덕분에 축제가 안전하게 마무리되었다.

행사가 끝난 후 회식 장소로 가게 되었다. 다른 학교 회장단과 이렇게 재밌게 놀기란 쉽지 않은 일이었기에 정말 내가 꿈을 꾸고 있는 것 같은 기분이었다. DSP라는 연합회에서 학교 간의 교류도 하고, 이야기를 나누다 보니 각자의 고충이 비슷하다는 것을 느꼈다. 덕분에 연합회가 더욱 돈독해질 수 있었다. 막내라서 그런지 DSP 회장단 선배들이 나를 잘 챙겨주었고, 그 덕에 '내가 이렇게 사랑받을 수 있구나.'라는 생각을 했다. 매번 만나서 이야기하고 장난치며, 이제는 마치 가족처럼 느껴진다. 만날 때마다 너무 웃고 재미있다. 이런 기회가 인생에 또 있을지 모르겠다. 나를 믿어주고 함께해 준 회장과 부회장 선배들에게 정말 고맙다. 덕분에 좋은 경험을 하게 되었고, 나도 우리 학교 학생회에서 이런 선배가 되어 후배들에게 좋은 경험을 만들어 주고 싶다.

🙂 생리대 TF팀 '위생용품 배치제'의 어려운 관문

지난 화요일 '위생용품 배치제'를 원활하게 진행하기 위해 학생들에게 평가 설문을 받았다. 목요일에 확인해 보니 "보건실에도 배치했으면 좋겠다.", "공약이라고 했으면 제대로 운영해야 하는 것 아닌가요?" 등의 부정적인 의견이 다수였다. 머리가 복잡해졌다. 처음으로 공약 실현을 위해서 준비한 사업이기에 철저히 준비했다고 생각했는데, 그게 아니어서 우리 학교 여학생들에게 정말 미안하기도 했다. 어떻게 하면 생리대를 효율적으로 배치하고 편리하게 사용하도록 할 수 있는지에 대해 밤새 고민했다.

그러다 조언을 듣는 게 좋을 것 같다는 생각이 들어 다음날 보건 선생님과 면담을 실시했다. 현재 생리대 개수와 보건실 생리대 예산의 정도, 무분별한 사용 방지를 위한 방안도 함께 논의했다. '어떻게 하면 무분별한 사용을 막을 수 있을까?' 팀원들과 논의한 결과 현재 학생들이 필요할 때 생리대를 사용하지 못하니, 접근성은 좋으나 무분별한 사용을 막을 수 있는 방안으로 3, 4층 계단 쪽에 두 곳을 설치하면 어떨지 논의하였다. '공개적인 장소에 있으니 학생들이 양심적으로 가져가지 않을까?'라는 의견을 내었다. 그런데 중형 188개, 대형 384개를 가지고 6월 한 달은 충분히 사용할 수 있지만, 추후 26대 학생회에서는 어떻게 할지 모를 일이고 7월에는 생리대 배치제를 운영하기 쉽지 않기에 보건실에 두는 게 낫다는 학생들의 의견도 있었다. 팀에서 논의를 마치고 일요일에 팀끼리 다시 한번 회의를 진행하고자 한다. 공약 실현이란 정말 쉽지 않은 것 같다.

물론 생리대를 구입하기 위한 비용을 학생들에게 지원하는 것도 효율적인 방법일 수 있다. 하지만 비용을 가지고 학생들의 생리대를 사는지 사용처를 알 수 없다는 점에서는 의문이 있다. 차라리 학교 보건실에서 생리대 비용을 더 지원해 주는 게 실효성이 있고 수혜를 더 많이 받는 방법이라 생각한다. 또한 보건실 앞 생리대 디스펜서가 있어도 학년 화장실과는 거리가 멀어 불편을 호소하는 학생들이 많다. 언제쯤 학생들의 불편함을 해소할 수 있을까? 누구나 필요할 때 사용할 수 있는 배치제를 운영하고 싶었지만, 현실의 어려움에 가로막혀 할 수 없다는 것이 너무 속상하다.

위생용품 배치제, 드디어 안정을 찾다

6월 3일에 위생용품 배치제 운영에 대해 학생부 선생님과 얘기하는 시간을 가졌다. 5월 31일, 보건실에 있는 위생용품 재고를 파악 후 주말 동안 고민을 했다. 추가 배치가 가능한 수량인가 계산해 본 결과, 현재 보건 선생님께서 사주신 수량으로 7월 중순까지 배치가 가능하다는 결과가 나왔다.

하지만 추가 배치는 불가능하다고 판단되었다. 학생부 선생님과 논의해 보았는데. 가장 큰 문제점은 위생용품 배치제의 운영 방식이 아닌 '학생들의 양심'이었기 때문이다. 운영에 대해 어려움을 겪자, 선생님께서는 확실한 공지와 완고한 태도가 필요하다고 조언해주셨다. 선생님의 조언으로 나를 조금 돌아보게 되었다. 의견을 많이 수용할수록 좋다고 생각했기에, 학생들이 생각하는 운영의 문제점에 대해 수용하려는 태도만 보이니 학생 입장에서 더욱 불만이 지속된 것일 수도 있다는 생각이 들었다. 따라서 조금 단호해질 필요가 있는 것 같다는 생각을 했다. 그래서 확실한 공지를 위해 직접 공지문을 작성하여 인스타그램에 올렸다. 올리고 나니 단단해지고 후련해졌다. 그 마음도 잠시, 한편에는 학생들에게 미안하다는 마음이 있었다.

현재 당진고등학교 여학생들이 400명 정도 되어 80개의 위생용품을 배치하는 것은 말이 되지 않는 것 같지만, 보건실의 한정적인 예산에 의해 어쩔 수 없다는 점이 안타깝다. 하지만 보건실에 두었을 때도 우리가 같은 양을 배치한 것과 비슷한 수량일 것이었다. 심지어는 우리가 배치한 수량보다 조금 덜 사용했다는 보건 선생님의 말씀을 들으니 충분히 가능하다고 판단했다.

이번 사업을 하면서 공약을 실현할 때는 마음가짐과 소통이 가장 중요하다는 것을 느꼈다. 특히 부정적인 말을 들어도 무너지지 않는 단단한 마음가짐과 소통 능력이 필요하다. 바쁘기에 사업을 운영하면서 마음가짐과 소통 능력을 제쳐놓은 적도 있어 난처하고 혼란스러웠지만, 준비와 실행, 평가 과정을 거치면서 마음가짐과 소통 능력을 모두 배우게 되었다. 직접 선배들의 도움 없이 내가 주도적으로 무언가를 한다는 것이 힘들고, 가끔은 포기하고 싶을 때도 있었다. 하지만 그때마다 혼자서 노트에 정리해 보기도 하고 도움도 요청했다. 회장 선배님과 학생부 선생님께 조언을 구하고 TF팀 친구들과 자주 논의하였다. 그 덕에 학생들의 기대에 못 미쳤을지라도, 안정적으로 운영이 시작되고 있는 것 같다. '진작에 단호하게 대처할걸.'이라는 생각도 들었다. 이 계기로 내가 조금 더 성장할 수 있는 발판이 된 것 같다. 이제 6월 위생용품 배치제는 정확하고 분명하게 운영할 계획이다. 조금 힘들지라도 나의 지속적인 성장과 믿어준 학생들을 위해 이번 한 달만 꾹 참고서 해봐야겠다.

♡ ○ ▽   🔖

1학년 김찬용 학생

교생 선생님 # 특별한 날

⠿

🙂 교생 선생님

한 달 전쯤에 교생 선생님이 오셨다. 시험 기간이라서 첫 만남은 기억이 잘 나지 않지만, 선생님과는 시험이나 체육대회같이 중요한 일정이 있는 바쁜 한 달을 같이 보냈다. 선생님이 진로 상담을 해 주셔서 조금 더 가까웠던 것 같다. 선생님은 나보고 24살 같다며 애늙은이라고 장난도 치셨고 너무 걱정하지 말라며 격려도 해주셨다. 그런 선생님이 한 달간의 실습을 마치고 대학교로 돌아가셨다. 대학교로 돌아가시기 전 마지막으로 선생님께 물어보았다.

"우리 당진고등학교는 어떠셨어요?"

선생님은 우리 학교의 교우관계가 정말 좋다고 하셨다. 밴드부가 버스킹하는 모습을 다 같이 모여서 즐긴다던가, 학교 행사가 있으면 모두 열심히 참여한다던가 말이다. 그 말에 공감했다. 비록 학교를 오래 다닌 건 아니지만 우리 학교는 선후배 간 관계도 좋고 다들 친한 분위기다. 우리 학교는 특별하게 밴드부가 3개나 있다. 3개의 밴드부가 서로 경쟁하기도 하고 버스킹도 종종 해서 밴드부의 실력도 날이 갈수록 좋아지는 것 같다. 그 덕분에 농구 코트나 큰 나무 그늘에서 수준 높은 버스킹을 즐길 수도 있다. 버스킹을 구경하기 위해서 사람들이 한 장소에 모이게 되곤 하는데 행복한 순간을 같이 보낼 수 있어서 옆에 앉아 있는 것만으로도 정이 드는 것 같았다. 조금은 뜨거운 날씨였지만 옹기종기 모여 앉아서 좋은 노래를 함께 듣고 있으면 그 시간이 영원하기를 바라게 되고 마음이 편안해진다. 이러한 이벤트들이 있어서 선배들과도 가끔 만날 일이 있는데 자연스럽게 교우관계도 좋아지는 것 같다.

또한 우리 학교는 학교 행사에 잘 참여하는 것 같다. 동아리에서 가끔 퀴즈 맞히기나 동아리와 관련된 이벤트들을 하기도 하는데, 참여하면 간식도 나눠준다. 점심시간에 급식을 먹고 나오면 큰 나무 그늘에 사람들이 모여 있을 때가 있는데 동아리에서 이벤트를 하는 경우가 대부분이다. 그림을 그리고, 심리 테스트를 받거나 인물 맞추기나 사회 현상에 대한 퀴즈를 푸는 등 다양한 이벤트에 참여했다. 그럴 때 주위를 둘러보면 학년에 상관없이 많은 사람이 줄 서서 기다릴 정도이다. 이런 이벤트들이 있어서 학교생활이 행복해진다. 사소한 변화지만 매일 같은 시간표대로 살아가다가 가끔 이런 일들이 있으면 많이 웃는다. 이러한 점들을 생각하다 보니 교생 선생님의 말을 곱씹을수록 점점 더 그 말에 공감하게 되고 가끔은 선생님이 그리워진다. 비록 스쳐 지나가는 인연이었을지도 모르지만, 교생 선생님은 나에게 좋은 영향을 많이 주신 것 같다. 언젠가 다시 만나게 되는 날이 온다면 밝게 인사하고 싶다.

🧑 특별한 날

갑자기 공부가 하고 싶은 날이었다. 현재 내 성적이 마음에 들지 않아, 정말 미친 듯이 공부를 해보았다. 무언가 열심히 한다는 것 자체가 행복하게 느껴졌고, 열심히 살고 있다는 위로를 받고 싶었던 것 같다. 시간 가는 줄 모르고 공부에 몰두하다 보니, 어느새 밤을 새워 버렸다. 기분은 어느 때보다 좋았고 뿌듯했지만, 학교에 가야 한다는 사실을 잊고 있었던 것 같다. 지금 잠든다면 무조건 늦잠을 잘 것이라 확신했다. 그래서 아침 일찍 집을 나와 학교로 가게 되었고, 6시에 학교에 도착했다.

학교에는 맨발로 모래 운동장을 걸으시는 분들도 있었고, 강아지와 산책하시는 분들도 있었다. 우리 학교의 모래 운동장은 바람이 불면 모래가 날아다녀서 신발 속에 모래가 들어가는 불만이 있었지만, 맨발로 산책하시는 분들에게는 오히려 도움이 되는 곳이라는 사실에 조금 놀라웠다. 내가 쓸모없다고 생각하던 운동장이 다른 사람에게 도움을 주는 모습을 보며, 나도 모래 운동장처럼 누군가에게 도움이 되고 싶다는 생각이 들었다.

원래라면 아직도 자고 있을 시간인데, 생각보다 많은 사람들이 아침 일찍부터 하루를 시작하고 있다는 것을 알게 되었다. 학교 문은 아직 닫혀 있었고, 학교 앞 벤치에 앉아 사람들을 구경하는 동안 게으른 나를 반성하고 많은 생각을 할 수 있는 시간이었다. 그렇게 시간이 지나 7시쯤 되니 경비 아저씨가 오셨다. 평소에 무서운 분이라고 생각했지만, 문을 열어주실 때 다정한 미소를 지으셨다. 생각했던 것보다 훨씬 따뜻한 분인 것 같았다. 학교에 들어가 빈 교실을 바라보니 몸은 피곤했지만, 제일 먼저 학교에 와 있다는 사실이 뿌듯하게 느껴졌다. 기숙사에 사는 친구들이 아침을 먹으러 가는 모습을 보며, 점점 학교로 모이는 친구들을 보니 아침 조회 시간이 되었다. 이보다 더 열심히 살 수 없다고 자신 있게 말할 수 있는 날이었다. 이렇게 사는 것도 좋지만, 일찍 자고 일찍 일어나는 것이 필요하다는 것을 깨달았다. 이날처럼 갑자기 밤새워 공부한다면 금방 지쳐서 포기하게 될 것 같다. 아침 일찍 일어나는 내일이 되길 바라며 앞으로도 열심히 공부해야겠다. 이번 하루가 나에게 주는 깨달음이 앞으로의 학습에 큰 힘이 되리라 믿는다.

1학년 노정현 학생

꿀맛 같은 휴식

⋮

🙂 꿀맛 같은 휴식

중간고사를 마친 우리 1학년들은 신나는 분위기 속에 친구들과 함께 즐거운 시간을 보내고 있었다. 그러던 중, 25대 학생회장 선배가 공약으로 내세운 e-스포츠 대회가 드디어 개최되었다. 우리 학교에는 컴퓨터실이 있어, 그곳에서 인기 게임 '리그 오브 레전드'를 즐길 수 있었다. 하지만 컴퓨터가 너무 느려서 답답함이 컸다. 학교에 조금만 더 좋은 컴퓨터가 있으면 좋겠다는 아쉬움이 남았다.

e-스포츠 대회 외에도 더욱 기대되는 단합대회가 예정되어 있었다. 1학년 반 중 단합대회를 하지 않는 반이 거의 없을 정도로, 우리 모두의 관심이 집중되었다. 단합대회란, 학교에 남아 친구들과 다양한 프로그램을 계획하고 함께 노는 것으로 이번 날씨는 너무 춥지도 덥지도 않아

단합하기에 딱 좋은 날씨였다.

첫 번째 프로그램으로 우리 반 친구들과 물총 싸움을 하기로 했다. 친구들이 물총 싸움에 정말 진심으로 임하는 모습에 놀라웠고, 그만큼 힘들기도 했다. 물의 방울이 튀고, 웃음소리가 가득한 가운데, 우리는 서로의 팀워크를 발휘하며 즐거운 시간을 보냈다. 물총 싸움이 끝난 후, 선생님께서 준비해 주신 치킨, 피자, 족발을 교실에서 모두 함께 나누어 먹었다. 그 맛은 정말 환상적이었다. 배가 부른 후에는 '공포의 술래잡기'라는 놀이를 진행했다. 학교의 불이 모두 꺼진 어두운 곳에서 반 친구들이 숨고, 술래가 이들을 잡는 게임이었다. 나는 숨는 역할을 맡았지만, 너무 빨리 걸려서 허무한 기분이 들었다. 그럼에도 불구하고 친구들과 함께한 단합대회는 정말 즐거운 기억으로 남았다.

신나는 노래를 부르며 웃고 떠드는 동안, 일상의 스트레스가 사라지는 기분이었다. 이렇게 즐거운 시간을 보내고 나니, 지금 나에게 남은 것은 엄청난 양의 수행평가와 점점 다가오는 기말고사뿐이라는 사실이 실감 났다. 하지만 이번 단합대회의 즐거운 기억을 떠올리며, 다시 열심히 공부할 힘을 얻었다. 앞으로도 이런 좋은 시간들이 많기를 바라며, 열심히 노력해야겠다는 다짐을 하게 되었다.

김솔희(2017~2018. 19대 회장) 선배님 인터뷰

_ 김현한

"당진고는 제 삶의 터닝포인트였어요."

김솔희 선배님은 당진고등학교 19대 학생회장으로서 그 당시 학교를 이끌어 가며 많은 도전과 경험을 쌓으셨다. 인터뷰는 비대면으로 진행되었지만, 그 시절 이야기를 나누는 동안 우리와 마주하는 듯한 느낌을 받았다. 선배님의 열정적인 이야기 속에서 우리는 그 시절 학생회 활동의 생생한 현장을 엿볼 수 있었다.

가장 인상 깊었던 일에 대해 이야기해 주세요.

　　당진고등학교 재학 중 가장 인상 깊었던 일은 아무래도 학생회장 선거에 출마했을 때였던 것 같아요. 당시 총 네 팀이 출마했는데, 전년도보다 많은 팀이 나와서 더욱 뜻깊었어요. 특히나 저를 제외한 다른 세 후보 모두가 학생회 출신이었기에 더욱 도전적인 상황이었죠. 그래서 당선이 되었을 때의 그 기쁨은 정말 잊을 수 없습니다. 그때 기획했던 학교 축제 중 '복면가왕' 프로그램과 반별 코스프레, 그리고 위안부 관련 추모 프로젝트는 아직도 기억에 남아요. 심지어 빨간 옷을 입고 산타 콘셉트로 진행했던 행사까지 모두 특별했어요. 이런 행사는 페이스북에 기록으로 남아 있어서 가끔 공유하고 있어요.

선거운동 과정은 어땠나요?

선거운동은 정말 힘들었던 기억이 나요. 특히 부회장 후보였던 친구가 갑자기 미국으로 가게 되어 밑에 학번 친구들과 함께 준비하느라 더 힘들었죠. 그 친구는 선거운동 과정에 참여하지 못하고 선거가 끝난 후에 돌아왔지만, 결국 당선되었어요. 제가 당선된 이유 중 하나는 아마도 연설 덕분이지 않았을까 해요. 친구들이 많았던 것도 한몫했겠지만, 연설 내용이 많은 사람들에게 닿았던 것 같아요. 공약을 외워서 자연스럽게 연설하려고 했던 것이 큰 영향을 미친 것 같아요.

당진고등학교 생활은 어떻게 기억되시나요?

당진고등학교에서의 생활은 제 인생에서 가장 열심히 살았던 시기였어요. 특히 역사 동아리를 만들어 활동했던 것이 기억에 남아요. 선생님과 함께 광주로 답사를 다녀왔고, 5·18 민주화운동 관련 소감문 대회를 운영해서 시상도 했었죠. 하고 싶었던 일들은 모두 시도해봤고, 그만큼 보람도 많이 느꼈어요.

학생회 사업 중 기억에 남는 사업이 있나요?

우산 대여제가 특히 기억에 남아요. 비 오는 날 어려움을 겪는 학생들을 위해 시작한 공약이었죠. 학생들에게 보증금을 받고 우산을 대여해 주고, 나중에 돌려주면 보증금을 반환해 주는 방식이었어요. 다만, 우산을 분실하면 학생이 부담해야 했죠. 지금은 무료로 운영되고 있어서 반납이 잘되지 않는 어려움이 있다고 들었어요. 또 하나 기억에 남는 것은 학생들이 원하는 메뉴를 모아서 급식실에 전달했던 일이에요. '돈코츠라멘'이라는 메뉴가 특히 인기가 많았고, 학생들과 선생님들의 반응도 좋았어요.

학생회 다모임과 관련된 이야기를 들려주세요.

우리 때는 학생회 다모임이 없었지만, 학생회 회의는 매주 수요일 7교시에 자주 열렸어요. 학생회실이 별도로 있어서 그곳에서 주로 모였어요. 급식실 가는 길에 있는 작은 방이 학생회실이었는데, 그 안에서 모든 회의와 물품 관리를 했었죠.

당진고등학교 시절이 지금의 생활에 어떤 영향을 주었나요?

당진고등학교에서의 경험이 제 삶에 정말 큰 영향을 미쳤어요. 대학을 수시로 지원할 때도 그렇고, 최근 취업 면접에서도 당진고등학교 시절의 경험이 많이 도움이 되었어요. 지금 한 방송사에 취업했죠. 예를 들어, 리더의 역할에 대해 질문을 받았을 때 학생회 활동을 통해 배운 것들을 이야기했죠. 지금 하는 일도 당시 경험의 연장선에 있어서 정말 큰 도움이 되고 있어요.

당진고등학교가 어떤 의미로 기억되나요?

당진고등학교 시절은 제 인생의 터닝포인트였어요. 다양한 경험을 쌓을 수 있었고, 그 과정에서 많은 것을 배웠죠. 또래 친구들과 함께 아이디어를 내고, 그것을 실천하는 과정이 너무 즐거웠어요. 지금 하는 일도 그때의 경험이 없었더라면 익숙하지 않았을 거예요.

기숙사 생활에 대한 기억은 어떠세요?

기숙사 생활도 나름대로 재미있었어요. 조식을 제공하지 않아서 아침에는 운동장 한 바퀴를 뛰고 나서 먹곤 했어요. 예지관과 당진학사 두 곳 모두 사용해봤는데, 시설 면에서 차이가 좀 있었어요. 예지관은 공부 시간에 제한이 없었고, 당진학사는 독서실 시간이 정해져 있어서 복도에서 공부하는 일도 있었어요. 시험 기간에는 규제가 좀 풀리긴 했지만, 벌레가 많이 나와서 당황했던 기억도 나네요.

김솔희 선배님과의 인터뷰를 통해, 우리는 당진고등학교가 학교 선배에게는 어떤 의미였는지 깊이 느껴볼 수 있었다. 학교생활의 한 부분이었던 학생회 활동이 지금의 선배님을 만드는데 얼마나 큰 영향을 미쳤는지, 그리고 그 시절의 경험들이 지금의 선배님에게 얼마나 큰 자산이 되었는지를 알 수 있었다. 당진고등학교는 선배님뿐만 아니라 우리 모두에게도 중요한 터닝포인트가 될 것이다.

7월

*

마무리와 반복

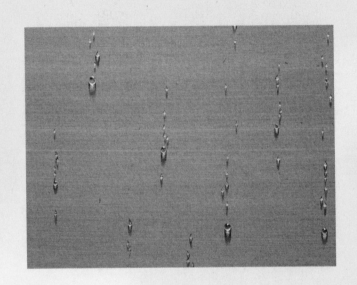

김창렬 <물방울>

교사로 살다 보면 같은 수업을 다른 반에 반복하는 경우가 대부분입니다. 한 반에 한 번씩 수업을 진행하지만, 1학년 전체 수업을 하려면 같은 수업을 10번 반복하게 됩니다. 요즘 반복에 대해 깊이 생각하고 있습니다. 하루하루의 반복, 월의 반복, 해의 반복, 그리고 업무의 반복, 누군가를 만나는 행위의 반복 등 삶은 무한한 반복으로 구성되어 있습니다. 자연 또한 생성과 소멸을 반복합니다.

　　이러한 반복 속에서 어떤 것들은 의미 있게 여겨지지만, 수많은 것들은 그저 반복에 그치기도 합니다. 주기적으로 만나는 학생들과의 소통 속에서, 1년간의 나의 반복 속에서도 차이가 발생하고 있습니다. 이 학교에 와서 처음 만난 학생들과 지금은 미묘하게 다르다는 것을 느낍니다. 감정적으로나 말과 행동에서 점차 익숙해지고 있으며, 관계 속에서 조금씩 차이가 생겨나고 확장되고 있습니다.

　　물론 관계는 긍정적인 측면과 부정적인 측면으로 나뉘기도 하지만, 반복된 행위 속에서 차이가 생겨난다는 점은 분명합니다. 같은 수업을 반복하는 동안에도 학생들의 반응이나 나의 수업 방식은 변화하고, 그 변화가 관계를 더욱 깊고 풍부하게 만들어 줍니다. 이러한 반복 속에서 우리는 서로를 이해하고, 관계를 발전시키는 기회를 찾을 수 있습니다.

김창렬 작가의 물방울은 그가 50년 넘게 소재로 삼아 수많은 반복을 통해 여러 작품으로 탄생되었습니다. 그는 물방울을 그리며 무슨 생각을 했을까. 처음 물방울을 그리게 된 계기는 경제적으로나 정신적으로 어렵게 생활하던 시절, 작가는 캔버스를 재활용하기 위해 뒷면에 물을 뿌려 물감이 떨어지기 쉽도록 했는데, 이 과정에서 화폭에 맺혀 아침 햇살을 받으며 영롱한 빛을 발하는 '물방울'의 아름다움을 발견하고, 이를 작품의 주요 모티프로 삼기 시작했다고 합니다. 우연한 발견으로 일상에서 아름다움을 발견했고 수많은 시간 물방울을 반복적으로 그림으로써 그가 발견한 아름다움을 타인에게 이야기하기 시작했습니다.

그는 "물방울을 그리는 행위는 모든 것을 물방울로 용해시키고, 투명하게 '무(無)'로 되돌려 보내기 위한 행위이다. 분노도 불안도 공포도 모든 것을 '허(虛)'로 돌릴 때 우리들은 평안과 평화를 체험하게 될 것"이라고 말했습니다. 그의 체험의 결과는 또 다른 철학적인 물음을 안겨 주지만 그 찰나의 순간을 반복적으로, 50년간 지속적으로 물방울을 그려낸 작가의 지난한 인생은 자신이 말하고자 하거나 깨달은 것에 대한 확신으로 들립니다.

지난 시간을 돌아보며 삶의 여러 반복 속에서 과연 나는 무엇을 발견하고 그것을 어떤 식으로 반복할 것인가에 대해 고민이 드는 날입니다.

교사 이준민

\# 교직원 체육대회 \# 음악을 통해 하나 되는 학생들

교직원 체육대회

　시간이 참 빠르다. 처음 학교에 왔을 때는 롱패딩을 입고 왔는데, 이제는 출근할 때 땀을 잔뜩 흘린다. 1회 고사 직후 행사들도 많이 있었고, 그 이후에는 시험문제 출제에 여념이 없었다. 그렇게 정신없이 지내다 보니 2회 고사가 다시 돌아왔다. 생각보다 한 학기가 정말 금방 흘러간다. 1회 고사 때는 전날 밤 잠들지 못했다. 하지만 한번 해 봐서 그런지 이번에는 그 정도로 긴장되지는 않았다.

　아이들이 시험을 보는 동안은 감독으로서 약간의 긴장감이 필요하지만, 그날 시험이 끝나면 7교시까지 수업을 해야 하는 다른 날보다 비교적 널널한 시간을 보낼 수 있다는 장점이 있다. 그래서 오늘 평소에 진행되기 어려운 특별한 행사가 개최됐다. 바로 교직원 체육대회다. 외향적

이지는 못한 성격이지만 활동적인 것을 선호한다. 그래서 교직원 체육대회가 열릴 것이라는 공지를 보고 내가 좋아하는 운동을 하면서도, 다른 교무실에 계시는 선생님들을 뵐 기회를 가질 것이라는 생각에 무척 기대되었다. 참여 여부는 자율적으로 결정되었고, 한 치의 고민 없이 참여 의사를 밝혔다. 개인적으로는 무조건 참여해야 하는 행사가 아닌 것이 더욱 좋았다. 자율적인 참여가 보장되어 형식적으로 이루어지지 않고, 정말 교직원들의 스트레스 해소와 동료 간 화합이라는 취지에 더욱 부합했다고 생각한다. 그래서인지 개인의 의사에 의해 각자의 참여 여부가 결정되었음에도 정말 많은 교직원들이 참여하였다.

체육대회라는 말을 듣고 처음에는 축구나 이어달리기 같은 격한 운동을 생각했었는데, 종목들은 모두 실내에서 할 수 있는 배구, 2인 3각. 단체줄넘기, 색판 뒤집기 등으로 구성되었다. 이 종목들의 공통점은 모든 교직원들이 참여할 수 있다는 것이다. 배구조차 10대 10으로 구성되어 거의 모두가 협동해야 하는 종목이었다. 승부욕이 센 나는 이기고 싶었다. 배구를 할 때는 몸을 던졌고, 색판 뒤집기를 할 때는 쉬지 않고 뛰어다녔다. 마지막 경기인 단체줄넘기 때는 종목이 끝나고 나서 다리에 쥐가 나 다리를 부여잡고 있기도 했다. 우리 조가 1등을 하지는 못했지만, 3등으로 입상에 성공했다.

체육대회가 끝나고, 승패를 떠나 모두가 사진 촬영을 하며 훈훈한 분위기가 지속되었다. 물론 3위의 결과를 내서 좋은 것도 있지만, 평소 업무가 달라 소통이 적었던 동료들과도 자연스럽게 대화를 나누고, 협동하는 과정에서 친밀감이 쌓였다. 그 덕에 스트레스 해소와 교직원들 간의 화합이라는 체육대회의 목적이 충분히 달성된 것 같아 만족스러웠다. 오늘의 체육대회는 단조로운 일상에서 잠시 벗어나게 할 수 있는 계기를 가져다 주었다. 앞으로도 이런 행사가 자주 열렸으면 좋겠다는 바람을 품어본다. 일에 대한 열정만큼이나 함께하는 즐거움도 중요하다는 것을 다시 한번 깨닫게 된 날이었다.

🎙️ 음악을 통해 하나 되는 학생들

여름방학을 앞둔 이 시점, 당진고등학교에서는 매해 합창대회를 실시해 왔다고 한다. 사실 합창대회를 학기 말에 실시하는 학교는 많다. 나도 학창 시절, 교내 합창대회에 참가했던 기억이 있다. 내가 초등학교 때 TV 프로그램에서 했던 합창단 프로젝트가 전국적으로 유행했던 적이 있다. 그 이후로 학교에서 교내 합창대회를 많이 개최하는 것 같다. 그래서 1학기 말 합창대회가 실시된다는 이야기를 처음 들었을 때, 솔직히 말해 신선하다고 생각하지는 않았다. 다만 합창대회가 끝나고 나서는 합창대회 자체에 대해 긍정적으로 생각하게 되었다. 그들의 준비 과정과 그 결과물을 가까이서 보고 나서다.

2회 고사가 끝나고, 한 학기가 거의 마무리되어 가면 주로 학급별 자율 활동이 진행된다. 각 학급의 학생들은 주로 이 시간에 합창 연습을 한다. 그런데 이 연습은 교사들이 시켜서 진행되는 것이 아니다. 학급 학생들 사이 음악에 관심이 있는 학생들이 몇몇 있는데, 대게 이 학생들이 주도하여 연습한다, 관심 있는 분야인 만큼 학급의 성과를 위해 열정적으로 참여한다. 반면 연습하는 것을 귀찮아하거나 목소리를 크게 내는 것을 부끄러워하는 학생들도 몇몇 있다. 이렇게 다양한 성향의 학생들이 있음에도 불구하고, 어떻게 된 일인지 모든 학생이 의욕을 가지고 참여한다.

합창대회를 준비하는 과정은 마치 학생들이 얼마 후 맞닥뜨려야 하는 우리 사회와 같다. 사회에는 다양한 사람들이 섞여 살아가는데, 어떤 직종에 가든 그 사람의 성향이 어떤지와 관계없이 공존해야 한다. 그래서 다른 사람과 어울리는 방법을 배워야 하지만 혼자서는 불가능하다. 이것을 가르쳐주는 것이 다른 곳과 구별되는 학교의 큰 역할 중 하나인데, 이번 합창대회를 통해 학교가 이러한 역할을 충분히 해낼 수 있다는 것을 느꼈다. 수업에 들어가서 학생들의 합창대회 연습을 지켜본 적이 몇 번 있다. 순조롭게 연습이 진행되는 반도 있는 반면에, 어느 반에서는 연습을 진행하다 학생 서로의 감정이 격해져 서로 큰소리치는 것을 말리느라 애를 먹기도 했다. 하지만 볼 때마다 점점 실력이 늘고 한목소리를 내는 학생들을 보았다. 다툼 직전까지 갔던 학생들도 어느 순간 같은 목표를 향해 달려가고 있었다. 우리가 사회에서 마주할 갈등과 협동의 요소가 며칠 사이의 연습에 모두 들어가 있었던 것이었다.

그렇게 학생들이 연습하는 과정을 보고 교내 합창대회를 긍정적으로 바라보게 되었다. 그러던 와중, 합창대회를 주관하시는 음악 선생님께서 2학년 합창대회 심사위원을 맡아달라고 부탁하셨다. 따라서 2학년 합창대회는 심사위원의 자격으로 앞쪽에서 볼 수 있는 흔치 않은 기회를 얻었다. 합창에 대해서 잘 알지 못함에도 점수를 매긴다는 것 자체가 민망하긴 했지만, 그래도 나름의 기준으로 평가해보려고 노력했다. 그런데도 모든 반이 우열을 매기기 어려울 정도로 노래를 불러 심사하기 어려웠다. 선곡도 '붉은 노을', '깊은 밤을 날아서' 등 심사위원들의 향수를 자극하기에도 충분했다. 가장 놀랐던 것은 가끔 연습하는 것을 보고 걱정했던 반이 있었는데, 그 반조차 감동을 주었다는 것이었다. 입상한 세 개의 반 이외에도, 모든 반이 장려상을 받는 것으로 행사가 훈훈하게 마무리되었다.

다음 주 방학식을 한다. 방학식을 제외하면 사실상 합창대회가 모든 학생과 교직원의 이번 학기 마지막 공식 일정이었다. 그만큼 모두 이번 학기를 잘 마무리한 것 같아서 기분이 좋다. 몇몇 사람들은 '고등학교에서 공부를 해야지, 합창대회 같은 것을 한다고?'라고 할 수도 있다. 하지만 이번 합창대회를 계기로 왜 그렇게 학교에서 이런 행사를 주최하는지 생각해 보게 되었다. 바로 '시민'으로 성장시키는 것이 학교의 역할이기 때문이다. 이것은 곧 학생의 행복과 바로 연결되는 부분일 것이다.

교사 임계은

\# 융합수업(함께해서 좋았던 수업) \# 졸업생 인터뷰를 하면서

⋮

🖼 융합수업(함께해서 좋았던 수업)

교사의 수업은 매일 반복되는 일이지만, 매번 고민이 된다. 이상하게도 시간이 지날수록 더 많은 고민이 생긴다. 노하우는 쌓이지만, 학생들과의 소통은 언제나 쉽지 않다. 어떤 날에는 옆에 있는 선생님이 수업도 잘하고 학생들과도 잘 소통하는 모습을 보며 위축되기도 한다. 백 퍼센트 만족스러운 수업을 할 수는 없겠지만, 최소한 교사로서 보람을 느끼며 수업하고 싶다. 혼자만의 만족으로 수업을 마치는 것은 낯 뜨거운 일이 아닐까 싶다.

이러한 갈증이 있던 시기에 전문적학습공동체를 통해 수업에 대한 고민을 털어놓을 기회가 생겼다. 작년에 수업 나눔에 관한 공동체에 참여하면서 여러 수업에 대한 고민을 이야기 나누게 되었고, 혼자만의 고민이 아님을 느끼게 되었다. 그 덕분에 자연스럽게 수업에 대한 고민이 더

많아졌고, 다른 선생님들의 수업을 찾아보고 공부하게 되었다. 동교과 모임에 참여하기도 하고, 전국 단위 연구 모임에도 참석했다. 하지만 다양한 수업 사례를 나 자신의 것으로 만드는 일은 쉽지 않았다. 그래도 되돌아보면, 수업을 바라보는 시선이 예전보다는 자신감을 가지고 조금씩 바뀌어 가고 있다는 것을 느낀다.

조금씩 나아진다는 것은 중요한 점이다. 다른 선생님과 비교하는 것은 부담이 될 뿐만 아니라, 타고난 특성이 다르기 때문에 그와 똑같이 하기가 어렵다. 수업이라는 것은 교사의 또 다른 정체성 같다는 생각이 든다. 아무리 좋은 수업이라도, 누가 하느냐에 따라 성과나 반응이 달라질 수 있기 때문이다. 수업에서는 교육과정상의 내용 체계를 어떻게 풀어나가는가에 따라 교사의 개성이 드러난다. 이는 교과마다 다르지만, 내가 경험한 바로는 그렇다. 교사의 삶의 체험이 반영될 수밖에 없고, 그에 따른 체험이 바탕이 된 학습 자료와 방식이 스며들게 된다. 교과 교육과정이 어떤 형태로 전달되는 것이 가장 효과적일지 항상 고민하며 관련된 책을 읽고 새로운 방식을 도입해 보기도 한다. 그럼에도 불구하고 매번 만족하는 수업을 하기는 어렵고, 충족되지 않는 상황이 발생하기도 한다.

체육 시간에 학생들이 밖에서 야구를 하고 있는 모습을 보며, 글러브를 끼고 공을 던지고 받는 연습을 하는 장면이 떠오른다. 여러 명이 동그랗게 앉아 공을 주고받는 동안 실수가 나올 때마다 서로의 얼굴에 웃음이 번진다. 몸을 바쁘게 움직이며 즐겁게 활동하는 모습을 보니, 작년에 융합 수업으로 협업의 힘을 느꼈던 경험이 떠오른다.

교사로서 학교 업무나 수업을 잘 해내고자 하는 마음은 항상 있다. 공을 주고받았던 경험은 내게 소중한 시간이다. 혼자 하지 않아서 외롭지 않았고, 서로에게 필요한 부분을 적절히 조언하거나 도움이 필요한 부분을 자연스럽게 공유할 수 있어 안심이 되었던 시간이다. 각자가 맡은 역할을 수행하면서도 전체 상황을 알고, 자신이 가진 능력으로 수행할 수 있는 부분을 도맡아 하니, 혼자서는 해결할 수 없는 부분이 해결되면서 수업이 한층 더 완벽해진 느낌이다.

교사들은 교육적인 부분에 대해 항상 고민하게 된다. 학생들에게 어떤 영향을 주고, 어떤 결과를 이끌어낼 수 있는지, 그것이 긍정적인지를 생각한다. 또한, 선생님마다 각자의 특기가 다르다. 어떤 선생님은 말로 표현하는 것을 잘하고, 어떤 선생님은 문서 작성이나 글쓰기에 소질이 있으며, 어떤 선생님은 시각 자료를 잘 만들고, 어떤 선생님은 수치화나 계량화를 잘한다. 이러한 다양한 특기가 모여 학생들의 수준과 성취를 살펴보고 교육 자료를 만들며, 그 활동을 통해 긍정적인 결과를 얻는 것이 정말 좋다.

졸업생 인터뷰를 하면서

1학기 2회 고사가 끝나고 겨우 시간을 확보하여 우리는 팀을 나눠 인터뷰를 진행하기로 했다. 계획으로는 대면으로 하고 싶었으나 그게 어려워 비대면으로 진행하게 되었다. 졸업생 5명과 학생 기록물 운영단 7명이 조를 편성하여 졸업생 한 명과 재학생 두 명이 한 팀으로 인터뷰를 진행하는 방식으로 정했다. 졸업생과의 인터뷰를 통해 이전 당진고등학교의 모습을 담았으면 하는 마음과 현재 이런 방식의 진행으로 학생들에게 무언가 남기를 바라기도 했다. 현재 진행하는 일들이 과거에 머물러 숙제로 남기보다는 미래에도 도움이 되는 경험이면 더 좋겠다는 생각이다.

졸업생과의 인터뷰는 비대면으로 진행하면서 참관했다. 중간에 추가 설명이 필요한 경우라면 옆에서 설명은 했지만, 학생들이 직접 경험해보는 것에 주안점을 두었다. 이전에 회의를 통해 어떠한 것을 질문할지 정리해 두었고, 그 내용을 토대로 더 많은 이야기를 이끌어내는 것에 초점을 두었다. 비슷한 답변이 나오지는 않을까 우려되는 지점이 있었지만, 과정을 수행하는 것이 의미 있을 거라는 생각은 변하지 않았다. 처음 인터뷰 대상은 김솔희 졸업생이었다. 사정이 있어 화면에 얼굴을 보여주지는 않았지만 맑고 경쾌한 목소리가 처음 만나는 긴장을 완화해 주었다. 쾌활하며 주도적인 성격인 듯한 목소리였다.

사전에 인터뷰 설문지를 보내준 덕분인지, 김솔희 졸업생은 미리 답변을 생각해 둔 것 같았다. 인터뷰 전에 질문지를 미리 보내는 것이 좋다는 점을 기록물 관련 교육청 연수를 통해 배웠던 것이 정말 다행이었다. 인터뷰는 순조롭게 진행되었고, 어색함은 점점 사라졌다. 당진고등학교의 현재와 과거의 다른 점, 그리고 유사한 점들을 알게 되면서 흥미로운 경험이 되었다. 비록 사소한 차이일지라도, 현재 다니고 있는 학생들에게는 작은 차이가 신기하게 다가왔고, 공통점 또한 수많은 학생들이 같은 공간을 스쳐 간 흔적을 연상하게 했다.

곁에서 지켜보는 나도 당진고등학교의 작은 공간들을 어떻게 활용했는지, 그곳에서 어떤 일이 있었는지를 듣다 보니, 수많은 시간이 쌓인 공간으로 확장되는 느낌이 들었다. 이희주 졸업생과의 인터뷰에서 그녀가 점심시간이나 쉬는 시간에 학교 둘레길을 돌며 친구들과 이야기를 나누었다고 했는데, 그 길의 이름을 '회전초밥'이라고 부른다는 이야기가 정말 재미있었다. 학생들이 그 공간을 유머러스하게 표현하며 애정 어린 추억을 떠올리는 모습이 인상 깊었다.

졸업생들은 대체로 학생회장들로 구성되어 있었고, 공통적으로 주도적인 성격이었다. 그들의 자기 주도적인 성격이 삶을 얼마나 긍정적으로 바라보게 하는지를 느낄 수 있었다. 학교에서 주도성을 키워 나간 과정이 자신의 삶에 반영되어 이후 좋은 영향을 주었다는 점이 인상적이었다. 그들의 삶을 주도적으로 이끌어 나가려는 모습과 하고 싶은 일들을 끝까지 해내려는 마음이 나에게도 영감을 주었다.

소소한 즐거움을 주었던 일부터 심혈을 기울여 애썼던 학생 주도 사업들, 그리고 좌충우돌했던 다양한 경험들을 듣다 보니, 생기 있는 삶이 무엇인지 깨닫게 되었다. 학교는 많은 경험을 할 수 있는 장소이자, 실패를 수용하며 시도해 볼 수 있는 공간이어야 한다는 생각이 들었다. 아직 미성년자인 학생들이 다양한 시도를 해보고, 그 과정에서 실패를 경험할 수 있는 안전한 장소가 바로 학교라는 점이 중요하다.

학생들이 이러한 경험을 통해 성장하고, 자신감을 얻으며, 나아가 인생의 다양한 도전을 받아들이는 법을 배우는 것이 학교의 중요한 역할이라고 느꼈다. 학교는 단순한 학습의 장이 아니라, 삶을 배우고, 서로 소통하며, 다양한 경험을 쌓아가는 소중한 공간임을 느끼게 되었다.

3학년 박희웅 학생

\# 그것이 온다 \# 융합수업

⋮

🧑 그것이 온다

여름은 기숙사 생활 중 가장 힘든 시기다. 높은 기온과 습도는 불쾌지수를 높여 사람들 간의 마찰을 일으키기 쉽다. 여름이 꼭 나쁜 계절은 아니지만, 기숙사에서의 여름 경험은 도전적인 면이 많다. 특히 벌레와의 조우가 잦아지는데, 벌레는 빛에 이끌리기 때문에 기숙사 환경에서는 더욱 문제가 발생할 수 있다. 기숙사의 비상문과 야외로 나가는 문이 유리로 되어 있어 빛이 잘 통하고, 문틈 사이로 벌레가 들어올 수 있는 여지가 생긴다. 특히 1, 2층은 지하와 지상이 연결되어 있어 3, 4, 5층에 비해 벌레가 더 많이 나타난다.

빨래를 할 때도 상황은 더욱 심각해질 수 있다. 건조기를 사용할 수 없는 경우 빨래를 건조대에 말리게 되는데, 장마철에는 이로 인해 불쾌한 냄새가 발생할 수 있다. 이는 같은 층에 사는 모두에게 불편함을 줄 수 있는 문제다.

여름을 이겨내는 방법 중 하나는 열을 식히는 것이다. 에어컨을 사용할 수 있지만, 기숙사에서는 사감 선생님의 규제를 받는다. 특히 남자 층은 에어컨을 사용하기 위해 날씨가 덥거나 습해야 하며 허락을 받아야한다. 늦게 자는 학생에게는 1시 이후에 에어컨이 꺼지는 것이 불편할 수 있다.

장마철에는 습도와 우산 관리가 중요하다. 많은 학생들이 빨래를 하기 때문에 건조기를 사용하지 못하면 큰 문제가 발생할 수 있다. 습기는 벌레의 서식지를 제공하므로, 화장실에서 씻고 나올 때 습기가 외부로 나가 공기를 더욱 습하게 만들 수 있다. 남자 기숙사 층에서는 제습제가 필수적이다. 주말에는 캐비닛 문을 꼭 닫고 나가야 하며, 문을 열어두는 것보다는 닫아 두는 것이 안전하다.

어려움 속에서도 여름철 기숙사 생활을 잘 이겨내기 위한 노하우가 필요하다. 예를 들어, 개인의 청결과 주변 환경을 유지하는 것이 중요하다. 정기적으로 청소하고, 쓰레기를 제때 버리며, 벌레가 들어올 수 있는 틈을 최소화하는 노력이 필요하다. 또한, 기숙사 내에서의 소통과 협력을 통해 서로의 불편함을 줄이고, 함께 해결책을 찾아가는 것이 중요하다.

🧑 융합수업

　당진고등학교 융합수업은 다양한 분야의 지식을 통합하여 학생들이 문제를 해결하고 창의적인 사고를 기를 수 있도록 하는 교육 방식이다. 이 수업은 전통적인 과목 경계를 넘어서, 수학, 과학, 인문학, 예술 등 여러 분야의 요소를 결합하여 학생들이 실제 세계의 복잡한 문제를 이해하고 해결할 수 있는 능력을 배양하는 데 중점을 둔다.

　1학년과 2학년은 학년말에, 3학년은 1학기 말에 융합 수업을 진행한다. 1학년 때 처음 융합 수업을 경험했던 기억이 떠오른다. 그때는 한 반 안에서 다양한 분야로 나누어 수업을 진행했는데, 각자의 진로가 다르다 보니 같은 반 친구들끼리도 각기 다른 분야로 나누어 하나의 주제를 진행하는 방식이었다. 2학년이 되었을 때는 선착순으로 반을 나누어 다른 반 친구들과도 융합 수업을 할 수 있는 기회가 생겼다. 이제는 3학년이 되어 다시 융합 수업을 경험하게 되었다.

　고민 끝에 컵을 디자인하는 수업을 신청했다. 처음에는 융합 수업이 생활기록부를 채우기 위한 것이라고 생각해 편안한 마음으로 디자인하러 갔다. 그러나 수업은 미술과 다른 과목이 결합된 형태로 진행되었고, 나의 생각과는 사뭇 다른 경험이 시작되었다. 수학을 좋아하는 나에게 이번 융합 수업에서 배우는 수학은 행렬이었다. 현재 고등학교 교육과정에는 포함되어 있지 않지만, 2022 교육과정에서 다시 도입될 예정이라고 한다. 외분과 내분 개념이 빠진다고 해서 더욱 흥미롭게 느껴졌다. 선생님께서는 행렬이 대학교에서 쉽게 배울 수 있는 내용이라고 판단되어 고등학교 과정에서 제외되었다고 설명해 주셨다.

　미술 과목은 내가 가장 편안하게 느끼는 과목 중 하나로, 수학과의 결합이 나에게는 정말 잘 맞는 수업이었다. 융합 수업을 통해 다양한 분야의 지식을 접하고, 그 지식을 활용하여 창의적인 결과물을 만들어내는 경험은 매우 의미 있는 학습이 되었다. 이러한 경험은 앞으로의 진로 선택에도 큰 도움이 될 것이라 확신한다. 다양한 분야에서의 융합적 사고는 나의 사고의 폭을 넓히고, 미래의 나에게 필요한 소중한 자산이 될 것이다.

2학년 이지향 학생

온새미로 사업 아이디어 발굴 견학   # 매점 대청소
학생회장 선발 과정

🌸 온새미로 사업 아이디어 발굴 견학

2024년 7월 9일 화요일, 온새미로 매점 학생들과 선생님들이 함께 사회적협동조합 선진지 견학을 다녀왔다. 총 30명의 학생들과 두 명의 선생님이 함께한 이번 견학은 사회적협동조합의 선진 사례를 직접 보고 배우는 기회를 제공하고자 계획되었다. 이날의 일정은 선학중학교와 공유 공간 '지금 여기'를 방문하는 것이었다.

첫 번째 방문지인 선학중학교는 인천에 위치한 일반계 중학교이다. 이 학교가 특별한 이유는 바로 '교육문화공간 마을엔'이라는 독특한 공간이 학교와 함께 운영되고 있기 때문이다. '마을엔'은 학교와 지역사회를 연결하여 진정한 교육 자치를 이루기 위한 인천 마을교육공동체의 일환으로 조성된 공간이다. 이 공간은 인천시교육청, 선학중학교, 연수구청,

그리고 마을활동가들이 협력하여 만들었으며, 이는 우리나라에서 최초로 시도된 사례이다.

'마을엔'은 학교와 긴밀히 연결된 공간으로, 공방과 카페가 함께 운영되고 있다. 카페는 학교협동조합 '아딧줄'에서 운영하며 전면 창을 통해 공원 풍경을 감상할 수 있는 공간이다. 학생들과 지역 주민들이 자유롭게 이용할 수 있는 이 카페는 회의나 대화를 위한 좋은 장소로 꾸며져 있었다. 카페 옆에는 '뚝딱이 마을 공방'이라는 목공방이 운영되고 있으며, 이는 목공을 좋아하는 지역 주민들을 위해 마련된 공간이다. 그 외에도 댄스 연습실, 소극장, 무한상상실 등 다양한 공간이 마련되어 있어 학교와 지역사회가 협력하여 다양한 활동을 지원하는 모습이 매우 인상적이었다. 이러한 협동조합의 운영 방식을 보고, 많은 학생들이 감명받으며 부러움을 느꼈다.

선학중학교를 방문한 후, 우리는 '지금 여기'라는 공유공간으로 이동했다. 이곳은 '제로 웨이스트'를 실천하며 만든 다양한 생활용품과 책 등을 판매하고 있으며, 지속가능한 삶을 실천하는 다양한 활동을 소개받을 수 있었다. '지금 여기'에서는 그곳에서 활동하는 분들과의 대화를 통해 사업 운영 방식과 철학을 들을 수 있었고, 이러한 활동들이 지역사회와 환경에 미치는 긍정적인 영향에 대해 배울 수 있었다. 이후 점심 식사를 하고 두 가지 체험 활동을 진행했다.

체험 활동 중 첫 번째는 바질 페스토를 만드는 것이었다. 2학년 학생들은 바질 페스토를 만들어 러시아빵과 함께 맛보는 경험을 했다. 페스토를 발라 먹는 다양한 방법을 시도해 보았으며, 이는 음식의 맛을 더욱 풍부하게 만드는 과정에서 재미와 창의성을 느낄 수 있는 기회였다. 두 번째 체험은 지하에서 진행된 모기 퇴치 향수와 천연 치약 만들기였다. 이 체험에서는 향수와 치약을 직접 만들어 보면서, 상업적으로 구매하는 것보다 직접 만드는 것이 환경에 미치는 긍정적인 영향과 자신이 만든 제품에 대한 애착을 느끼는 기회를 제공받았다.

향수와 치약을 직접 만들어 보면서, 사서 사용하는 제품들에 비해 환경을 고려한 제품을 만드는 것이 어떻게 가능한지를 배우게 되었다. 재료를 직접 찾아 준비하고, 자신이 만든 제품을 사용하는 과정에서 더 소중히 여기는 마음이 생길 수 있다는 것을 깨달았다. 이러한 체험은 단순히 제품을 만드는 것을 넘어, 우리가 일상에서 환경을 고려하는 삶을 어떻게 실천할 수 있을지를 고민하게 만드는 계기가 되었다.

이번 선진지 견학을 통해 매점 사업에서도 이러한 활동을 도입해 볼 수 있는 아이디어가 떠올랐다. 예를 들어, 매점에서 재활용이나 환경친화적인 제품을 직접 만들어 판매하는 프로그램을 진행하면 학생들에게도 유익할 것이며, 매점의 활동에 재미와 의미를 더할 수 있을 것이라는 생각이 들었다. 선진지 견학을 통해 얻은 경험과 인사이트는 우리 매점 사업에 새로운 방향성을 제시하는 데 큰 도움이 되었고, 다양한 아이디어와 영감을 제공해 주었다.

이번 견학이 매우 유익한 경험이었으며, 우리 학생들과 매점 사업에 새로운 가능성을 열어주었다고 느꼈다. 선진지에서 배운 내용을 바탕으로, 앞으로 매점의 활동을 더욱 풍부하고 의미 있게 만들어 나가겠다는 다짐을 하게 되었다.

🏫 매점 대청소

2024년 7월 19일 금요일, 오늘은 우리 학교의 매점 대청소를 하는 중요한 날이다. 1학기가 마무리되고 여름방학이 시작되면서, 방학 동안에는 학교 전체의 전기가 차단되어 운영이 중단될 예정이기 때문에 매점의 청소는 필수적인 작업이었다. 냉장고를 비우고, 유통기한이 임박한 간식들을 처리하며, 전체적인 청결을 유지하기 위해 바닥 쓸기와 닦기 작업을 진행하는 것이 주된 목표였다. 이 모든 과정은 구역별로 나누어 진행되었다.

온새미로 이사진들은 청소 작업에 반드시 참여하기로 되어 있었고, 이를 위해 오전부터 학교에 모여 청소 준비를 시작했다. 예상보다 많은 학생들이 자발적으로 참여했다. 이날 학교에서는 큰 합창대회가 진행되었는데, 대회가 끝난 후에도 청소를 도와주기 위해 온 친구들이 많아 매우 기뻤다. 이렇게 많은 인원이 참여했지만, 사람 수가 많아지면 혼잡해지는 경우가 있어 각자의 역할을 분담하고 세부 작업 지시를 하는 것이 필요했다.

매점 청소는 총 네 개의 구역으로 나누어 진행되었다. 첫째, 도넛방은 도서관과 연결된 작은 방으로, 주로 보드게임을 하거나 점심시간에 친구들과 대화하는 장소로 사용된다. 이 방에서는 책을 정리하고, 책상과 서랍, 인쇄기 등 먼지를 깨끗이 제거한 뒤, 전체적인 정리와 환기를 진행하였다. 도넛방은 다양한 용도로 사용되는 공간이기 때문에 책과 관련된 물건들을 정리하고 먼지를 제거하는 것이 가장 중요한 작업이었다.

둘째, 베란다는 야외 공간으로, 벤치에 앉아 여유를 즐기고 싶은 학생들이 사용할 수 있는 장소이다. 이곳에서는 쓰레기통을 비운 후, 의자와 책상 등을 깨끗이 닦고 정리하는 작업을 진행했다. 베란다는 청소 후에도 깨끗한 상태를 유지해야 하기 때문에 매일 사용 후 청결 상태를 점검하고 정리하는 것이 중요하다.

셋째, 매점 내부에서는 냉장고를 비우고, 창고에서 서랍을 모두 꺼내어 닦은 후, 아이스크림 보관 공간의 얼음을 녹이고 간단한 청소를 실시하였다. 매점 내부는 많은 학생들이 사용하는 공간이기 때문에 청소 후에도 깔끔하게 유지될 수 있도록 세심한 주의를 기울였다. 특히 냉장고는 오랫동안 사용하지 않을 예정이기 때문에 냉장고 내 음식물이나 쓰레기 등을 철저히 정리하고 청소하는 것이 중요했다.

마지막으로, 매점과 도서관을 연결하는 복도는 청소의 마지막 구역으로, 이 구역은 매점과 도서관을 오가는 주요 통로이기 때문에 전반적인 청결 상태를 유지하는 것이 필수적이었다. 복도 청소는 바닥을 깨끗이 쓸고 닦는 작업을 포함하여, 복도에 놓여 있는 쓰레기나 먼지를 제거하는 작업이 필요했다.

전체 청소 작업은 약 1시간에서 2시간 동안 진행되었고, 청소 후에는 매점의 상태를 점검하며 부족했던 부분을 보완할 계획을 세웠다. 청소를 하면서 발견된 문제점이나 개선할 점들을 기록하고, 2학기에는 더 나은 매점을 만들기 위한 계획을 구체화하기로 했다. 청소가 끝난 후, 매점이 학생들에게 더욱 쾌적하고 기능적인 공간이 되도록 지속적인 관리와 노력을 기울일 계획을 세웠다. 청소 작업을 통해 매점의 모든 구역이 깨끗하고 정돈된 상태로 유지될 수 있었고, 다음 학기부터는 이 공간이 더욱 쾌적하고 유용하게 사용될 수 있기를 기대한다.

🎓 학생회장 선발 과정

학생회장 선발 과정은 학생들이 학교의 대표로서 리더십을 발휘할 수 있는 중요한 기회다. 이 과정은 다음과 같은 단계로 진행된다.

- **후보자 등록**: 학생회장 선발 과정의 첫 단계는 후보자 등록이다. 학생들은 자신이 학생회장에 출마하고자 하는 의사를 밝히고, 필요한 서류를 제출한다. 이때, 후보자는 자신의 비전과 목표를 간단히 정리한 공약을 작성한다.

- **선거 캠페인**: 후보자 등록이 마감되면, 각 후보자는 선거 캠페인을 시작한다. 이 과정에서 후보자들은 자신의 공약과 비전을 학생들에게 알리기 위해 다양한 방법을 사용한다. 포스터를 제작하거나, 학교 방송을 통해 연설을 하거나, 친구들과의 대화를 통해 지지를 호소한다. 캠페인은 후보자들이 자신의 리더십과 학교에 대한 열정을 보여줄 수 있는 중요한 시간이다.

- **선거 토론회**: 많은 학교에서는 후보자들이 직접 학생들과 소통할 수 있는 선거 토론회를 개최한다. 이 자리에서 후보자들은 자신의 공약을 설명하고, 다른 후보자들과의 질의응답을 통해 자신의 의견을 밝힌다. 토론회는 학생들이 후보자의 생각과 비전을 직접 듣고 판단할 수 있는 기회를 제공한다.

- **투표**: 선거 캠페인과 토론회가 끝난 후, 학생들은 투표를 통해 학생회장을 선출한다. 투표는 비밀 투표로 진행되며, 모든 학생이 참여할 수 있는 기회를 가진다. 투표 결과는 공정하게 집계되어 발표된다.

- **당선자 발표**: 투표가 끝난 후, 결과가 발표된다. 가장 많은 표를 얻은 후보자가 학생회장으로 선출되며, 이와 함께 부회장 및 다른 임원들도 선출된다. 당선자는 학생들에게 감사의 인사를 전하고, 자신의 공약을 실천하기 위해 노력할 것을 다짐한다.
- **임기 시작**: 학생회장이 선출된 후, 새로운 학생회는 학교의 다양한 활동과 행사를 기획하고 운영하는 역할을 맡게 된다. 학생회는 학생들의 의견을 수렴하고, 학교와의 소통을 강화하는 중요한 역할을 하게 된다.

학생회장 선발 과정은 학생들에게 민주주의의 중요성을 배우고, 리더십을 경험할 수 있는 소중한 기회이다. 이 과정을 통해 학생들은 자신의 의견을 표현하고, 학교 공동체에 기여하는 방법을 배우게 된다.

제26대 학생회장단 선거

중학생 시절부터 '당진고등학교 전교 회장'이라는 꿈을 품고 있었다. 그 꿈을 이루기 위해 회장 선거에 나가기로 결심했지만, 선거 공고가 나오기 일주일 전, 예상치 못한 어려움에 부딪혔다. 부회장 후보를 구하는 것이 쉽지 않았던 것이다. 작년부터 약속한 것처럼, 2학년 부회장과 학생회 1학년 인턴과 함께 출마하고자 했지만, 학생 생활 규정에 부회장의 성별이 같으면 안 된다는 조항이 있어 고민이 깊어졌다.

학생자치부 선생님께도 내 상황을 말씀드렸지만, 규정을 어길 수 없다는 단호한 답변이 돌아왔다. 그래서 나는 결국 교장실을 찾아가 직접 도움을 요청하기로 했다. 처음에는 양성평등을 이유로 규정을 바꿀 수 없다는 말씀만 들었고, 실망감이 커졌다. 그러던 중 1학년 여자 부회장 후보를 구하려고 하던 차에, 학생자치부 선생님께서 여자 부회장을 구하는 것을 보류하라고 하셨다.

조금은 기대감이 커지며, 조항이 바뀌기를 기다렸다. 며칠 후, 기다린 결과는 뜻밖이었다. 부회장의 성별이 달라야 한다는 조항이 없어졌고, 내가 원하던 대로 그들과 함께 출마할 수 있게 되었다. 내게 정중하게 부탁드린 그 한마디가 반영되었다는 사실이 정말 놀라웠다. 이 경험은 나에게 단순히 규정을 바꾸는 것 이상의 의미를 지니고 있었다. 내가 원하는 것을 이루기 위해 용기를 내고, 목소리를 낸 결과가 긍정적인 변화를 가져왔다는 것을 깨달았다. 이제는 꿈을 향해 한 걸음 더 나아갈 준비가 되었다.

선거 공고가 올라온 후, 입후보 원서, 공약 계획서, 선거운동 도우미 신고서, 그리고 투표 및 개표 참관인 신고서를 제출하는 과정이 시작되었다. 이 중에서 가장 큰 난관은 '선거운동 도우미'를 구하는 것과 공약 계획서를 작성하는 것이었다. 특히 선거운동 도우미는 여러 변수로 인해 많이 바뀌었다. 원래 하기로 한 친구가 회장단 선거에 출마하면서 혼란이 생겼지만 여러 친구들에게 의사를 물어보며 겨우 10명의 선거운동 도우미를 구할 수 있었다.

공약 계획서 작성도 큰 고민거리였다. 다른 후보들에 비해 차별화된 공약이 필요하다고 생각했기 때문이다. 다행히 학생부회장을 했던 경험 덕분에 학교생활에서 불편한 점과 다른 지역 학교들이 시행하고 있는 정책들을 쉽게 떠올릴 수 있었다. 다른 지역 학교에서 시행되고 있는 좋은 아이디어들이 많았지만, 현실적으로 실행 가능성에 의문이 드는 것도 있었다. 그중 하나가 바로 '제휴 할인' 공약이었다. 다른 지역에서는 많이 시행되고 있었지만, 당진에는 실시하는 고등학교가 없었다. 그래도 우리가 최초로 시작하면 좋겠다는 생각에 이 공약을 고려하게 되었다.

하지만 구체적으로 어떻게 진행해야 할지 막막한 마음이 들어 도움을 찾기로 했다. 당진시청소년재단에서 참여위원회를 하고 있었기에 담당 선생님께 도움을 요청하였다. 청소년 재단 사무실을 찾아가 공약에 대한 피드백을 받았고, 원래는 예산이 들어가지 않는 공약을 생각했으나 선생님께서 당진 청소년을 대상으로 하는 사업은 예산 지원이 가능하다고 말씀하셨다. 그래서 모든 공약을 다시 구상하게 되었고, 인근 서점, 카페, 스터디 카페 등 총 5곳의 사장님께 연락하여 제휴 약속을 체결했다. 처음에는 제휴 약속을 받아내지 못할까 걱정했지만, 실제로 약속을 맺게 되어 정말 기뻤다.

선거 절차는 시험이 끝난 후 본격적으로 시작되었다. 특히 실내 중앙 현관과 연결계단에서 점심시간 동안 선거운동이 진행되었고, 공약 포스터를 공개한 후 학생들의 긍정적인 반응에 너무 기뻤다. 사장님께 전화를 드린 보람이 느껴졌다. 선거운동은 7일간 진행되었고, 다행히 경고 없이 순조롭게 이어졌다.

드디어 결전의 날이 다가왔다. 7월 17일, 소견 발표 및 투표가 진행되었다. 그 전에 후보 친구들과 함께 예상 질문을 논의하며 아침 일찍 모여 연설 연습을 하였다. 1교시부터 연설과 공약 질의·응답이 진행되었고, 연설은 떨지 않고 잘 했지만 질의 응답에서 많이 말을 더듬어 버렸다. 후보들마다 사전 질문에 대한 답변을 하고 공약에 대한 추가 질문도 받았다. 예를 들어 "할인율이 어떻게 되는지?" 또는 "스터디 카페의 경우 무인 키오스크 방식으로 결제하는데 어떻게 할인을 적용할 것인지?"라는 질문이 있었다. 지역 사장님과 조정할 것이라고 대답했지만, 무인 키오스크에 대한 질문은 미처 생각하지 못해 당황스러웠다.

다른 후보들의 질문도 만만치 않았다. 기호 3번 후보팀은 "정수기를 어떻게 교체할 건지?", "그 예산은 어떻게 할 건지?"에 대해 질문했고, 기호 4번 후보팀은 "학교 교류 캠프 및 대항전 예산"에 대해 물었다. 어떻게든 답변을 마친 후 자리로 돌아올 때, 내 답변 내용에 만족하지 못해 불안한 마음이 커졌다. '소견 발표를 망쳤구나.'라는 생각 때문에 상대 후보에 대한 질문도 생각나지 않았다.

소견 발표가 끝난 후, 다른 친구들을 보기가 너무 두려웠다. 열심히 준비했지만 제대로 드러나지 않은 것 같아 속상했다. 그래도 '될 사람은 되겠지.'라는 생각으로 마음을 다잡았다. 개표 결과가 나왔다는 소식이 전해지자 정말 초조해졌다. 빨리 결과를 알고 싶었고, 몇 년 동안 꿈꿔온 것이었기에 그 감정이 더욱 혼란스러웠다.

집에 가기 전, 친구에게 연락이 왔다. "은지야, 축하해." 순간, 꿈인가 싶었다. '아, 내가 되었구나.' 문자를 보자마자 처음 경험하는 기쁨이 밀려왔다. 하교 후에도 선거운동을 진행하고, 사장님께 연락하여 제휴 약속을 받아내고, 당진 시장님 면담계획서를 작성하는 등 많은 노력이 떠올라 기쁨과 감정이 북받쳐 신발장 앞에서 펑펑 울었다. 다음 날 알게 된 사실은 우리 후보가 46.8%의 압도적인 득표율로 당선되었다는 것이었다. 공약을 보고 선택해 준 학생들에게 정말 고마웠다. 그들의 신뢰에 부응하기 위해 어떤 일이 있더라도 반드시 공약을 지키겠다고 다짐했다.

1학년 김찬용 학생

합창대회 # 학생회장 선거를 준비하며# 선거운동# 학생회장 선거

⋮

    합창대회는 학교의 음악적 재능을 발휘하고 학생들 간의 협동심을 기르는 중요한 행사이다. 이 대회는 매년 개최되며, 학생들이 다양한 곡을 선곡하여 팀별로 합창을 선보인다. 대회는 보통 학기 중에 열리며, 참여 학생들은 사전에 연습을 통해 공연 준비를 한다. 각 팀은 창의적인 무대 연출과 함께 노래의 감정을 잘 전달하기 위해 노력한다.

    심사위원들은 곡의 선택, 화음, 표현력 등을 기준으로 평가하며, 우수 팀에게는 상장과 상품이 주어진다. 합창대회는 학생들에게 음악적 경험을 제공할 뿐만 아니라, 팀워크와 자신감을 키울 수 있는 좋은 기회이다. 또한, 관객들은 다양한 음악을 감상할 수 있어 학교 공동체의 화합을 더욱 깊게 만드는 행사이다.

🧑 합창대회

　당진고등학교에는 매년 합창대회를 하는 전통이 있다. 합창대회를 준비하면서 정말 많은 일들이 있었다. 노래를 고르는 과정에서부터 문제가 생겼다. 반의 모두가 만족할 만한 노래는 없었고, 의견이 합쳐지지 않아 결국 다수결로 노래를 정하게 되었지만, 그조차도 여러 번 바뀌었다. 합창대회에 참여하는 것은 선택이 아닌 필수였기 때문에, 노래를 불러야만 하는 친구들도 원하지 않는 곡을 부르게 되었다.

　연습을 시작하는 데만 1시간 이상 걸린 적도 많았고, 이렇게 시작된 연습에도 일부만 열심히 참여하는 모습을 보면서 '이게 정말 합창인가?'라는 고민이 들었다. 합창은 모두가 참여하고 행복하게 노래를 부르는 것이 의미 있다고 생각하는데, 잘할 수 있는 친구들도 참여하지 않는 친구들을 보며 같이 참여하지 않는 경우가 많았다. 연습이 계속될수록 처음에 열심히 하던 모습은 점점 사라져갔다.

　합창대회를 하면 반드시 싸우게 된다는 선배들의 말이 떠올랐다. 몇몇 친구들 때문에 화가 나기도 했지만, 강제로 참여하게 된 합창대회에 열심히 하지 않는다고 해서 친구들과 싸우고 싶지는 않았다. 시간이 지나면서 감정이 점점 무뎌졌고, 친구들이 열심히 하든지 하지 않든지 관심이 없어지게 되었다. 연습은 매일 흐지부지 지나갔고, 대회 당일 우리 반이 첫 무대인 만큼 기대했지만, 실전에서조차 엉망이었다.

　열심히 하는 친구들은 높은 실력을 보여줬지만 참여하지 않은 친구들은 가사조차 잘 모르는 모습이었다. 어제보다 못한 오늘의 실력에 헛웃음이 나왔다. 그렇게 열심히 준비한 시간들이 물거품이 되는 것 같아 속상했고, 기대에 미치지 못한 무대가 너무 부끄러웠다. 다른 반들의 무대는 실력이 눈에 띄게 차이가 나고, 직접 악기를 연주하는 반도 있었으며, 합창대회에 어울리는 아름다운 목소리가 어우러지는 모습이 정말 부러웠다. 그런 무대를 보면서 감동을 받기도 했다. 싸우기만 하는 것 같았던 합창대회가 왜 우리 학교의 전통으로 자리 잡게 되었는지 납득할 수 있는 무대였다. 속상한 마음이 조금 위로받는 느낌이었다. 내년 합창대회는 어떻게 될지 모르겠지만, 참여하지 않은 친구들도 뭔가 느꼈으면 좋겠다. '나 하나 빠진다고 뭐가 달라지겠어?'라는 생각은 분명히 틀렸다. 한 명 한 명이 모여서 엄청난 변화를 만들어 낼 수 있다는 것을 결과가 보여주었다.

누군가는 자신이 원하지 않던 합창대회에 참여하는 것이 마음에 들지 않았을 수도 있고, 누군가는 나만 열심히 하는 것 같아서 포기했을 수도 있다. 결국, 합창대회 준비 과정을 통해 느낀 점은 어디를 가도 열심히 하지 않는 사람들은 항상 존재하고, 그들을 비난할 필요는 없다는 것이다. 열심히 하는 친구들을 위해서라도 함께 참여하고 도움이 된다면 그것만으로도 자신의 역할을 충분히 수행한 것이라고 생각한다.

🧑 학생회장 선거를 준비하며

당진고등학교 26대 부회장으로 출마하게 되었다. 학교생활을 하면서 바뀌면 좋겠다고 생각했던 부분들이 많았기에, 이번 기회를 통해 그 변화를 이끌어내고 싶었다. 운이 좋게도 좋은 팀을 만나 함께하게 되었고, 당선되기 위해서는 많은 일들이 있었다. 시험 기간 동안 공약을 만들고, 선거운동 도우미를 뽑는 일은 특히 중요하다고 생각했다. 공약과 선거운동 도우미는 선거에서 큰 영향을 미치기 때문에, 어떻게 하면 더 좋은 결과를 낼 수 있을지 고민하다 보니 잠을 제대로 자지 못한 날도 많았다. 선거가 다가올수록 내 모든 관심사는 선거로만 쏠렸다.

선거운동 도우미를 뽑는 과정에서도 어려움이 있었다. 믿을 수 있고, 교우관계가 좋은 사람을 찾는 것은 쉽지 않았다. 그런 친구를 설득하는 건 더욱 어려웠고, 선거운동을 도와줬으면 하는 사람들이 다른 후보들과 겹치는 경우도 많았다. 이번 선거는 네 후보가 출마했기 때문에 선거운동 도우미도 많았다. 원래는 많아야 세 후보만 나오는 것이 일반적이었지만, 네 후보가 나오는 것을 보니 우리 학교의 미래가 밝다는 교장 선생님의 말씀에 깊이 공감하게 되었다. 선거운동 도우미가 많아서 겹치지 않게 뽑느라 힘들었고, 제안을 거절당하는 경우도 많았다. 이미 다른 후보를 도와주고 있다는 대답을 받는 일도 잦았다. 그러나 수많은 우여곡절 끝에 결국 10명의 믿을 수 있는 선거운동 도우미를 모을 수 있었고, 그 사실에 정말 기뻤다.

공약을 만드는 과정에서도 많은 일이 있었다. 우리 후보의 주된 공약

중 하나는 바로 '제휴 할인'이었다. 카페나 서점과 같은 학생들이 자주 이용하는 가게들과 협약을 맺어 당진고등학교 학생이라면 할인을 받을 수 있도록 하는 것이었다. 처음에는 이 공약에 대해 반대하는 의견도 많았다. 제휴 할인이 낯설게 느껴졌고, 실제로 불가능할 것이라고 생각했기 때문이다. 학생들이 할인을 받을 수 있다면 좋겠지만, '과연 제휴 협약을 맺어줄 사장님이 있을까?' 의문이 들었다. 하지만 이것은 큰 착각이었다. 불가능하다고 생각했던 일이 하나씩 현실로 이루어지기 시작했다. 제휴 할인을 해주겠다는 확인을 받게 되었고, 우리 팀의 대표 공약으로 내세울 수 있었다.

다른 공약들도 다른 후보들과 차별화를 두기 위해 많은 노력을 기울였다. 이 모든 과정은 쉽지 않았지만, 나와 팀원들이 함께 고민하고 노력한 결과가 점차 가시화되면서 자신감이 생겼다. 이제 우리는 당진고등학교를 더 나은 방향으로 이끌기 위해 한 걸음 더 나아갈 준비가 되어 있었다.

선거운동

우리 후보는 아침 8시에 선거운동을 시작하여 점심시간은 물론 방과 후에도 매일 선거운동을 했다. 점심시간에는 급식실에서 가장 잘 보이는 곳에 먼저 가서 피켓을 들고 서 있었고, 방과 후에는 종례가 끝나자마자 교문 앞으로 달려갔다. 지금 생각해 보면, 다른 후보들과는 달리 방과 후에도 빠짐없이 선거운동을 했던 점이 이후 선거 결과에 큰 영향을 미쳤다고 확신한다. 이렇게 직접 뛰어다니며 선거운동을 하는 것이 학생들에게 믿음을 주었고, 나 역시 더 많은 사람들과 소통할 수 있는 기회가 되었다.

선거운동을 하는 시간은 생각보다 많이 힘들었다. 아침에 일찍 일어나는 것이 힘들었고, 점심시간에는 선거운동 기간이 합창대회 준비 기간과 겹쳐 목이 아프지 않은 날이 없었다. 방과 후에는 점심시간보다 더 더운 시간이었고, 구름 하나 없이 햇볕이 내리쬐는 교문 앞에서 서 있다 보면 어지럽기도 했다. 그럼에도 불구하고 이런 힘든 시간들이 나를 더욱 단단하게 만들었다.

이렇게 힘든 시간들은 오히려 내가 선거 날만을 기다리게 만들었다. 매일의 고생이 결실을 맺을 것이라는 희망이 나를 지탱해 주었고, 그 기대감이 더욱 큰 힘이 되었다. 학생들과의 소통을 통해 느꼈던 감정과 그들의 응원은 내가 이 길을 선택한 이유를 다시 한번 상기했다. 선거운동을 통해 쌓아온 모든 경험이 나에게 무언가 특별한 의미로 남을 것이라고 믿는다.

🧑 학생회장 선거

대망의 선거 날에는 선거 전 소견 발표회가 있었다. 소견 발표회는 후보자들이 연설하고 서로의 공약에 대한 질의·응답을 하는 시간이다. 우리 후보는 1번이어서 제일 먼저 연설을 했고 질문도 먼저 받았다. 첫 번째라 그런지 더 떨렸다. 교탁에서 학생들을 바라보면 심장이 빨리 뛰었고 머리가 하얘졌다. 지금까지 살면서 무대 공포증이 없다고 생각했지만 몸이 말을 듣지 않았다. 너무 떤 나머지 말실수도 많았고 질문에 대한 대처도 미숙했다. 원래 말을 잘하는 편이라고 생각했지만 이 날은 자신에게 실망스러웠다. 여러 번 연습했던 연설문에서도 말실수를 해서 같이 준비한 후보들에게 미안했다. 개인적으로 생각하기에는 소견 발표회에서 내 점수는 0점이라고 생각한다. 그렇게 생각한 이유는 총 세 가지이다.

첫 번째로, 받은 질문에 대해 학생들에게 질문이 무엇인지 언급하지 않고 바로 답변한 점이 아쉬웠다. 그로 인해 듣는 학생들이 내가 어떤 질문에 대한 대답을 하고 있는지 혼란스러워했을 것 같다. 두 번째로는 말실수를 하고 나서 말을 잘 이어 나가지 못했던 점이다. 실수하더라도 자연스럽게 이어갔으면 좋았겠지만, 당황한 모습이 더 부각되어 보였다. 세 번째는 떨림을 숨기지 못하고 자신감 있는 모습을 보여주지 못한 것이다. 그때 내 목소리도 떨리고 행동도 쭈뼛쭈뼛했던 것 같다. 이러한 점들을 돌아보며, 소견 발표회에서의 내 모습은 반성이 필요하다는 생각이 든다. 만약 공약이나 선거운동의 도움이 없었다면 다른 후보가 당선되었을지도 모른다는 생각이 들어 더욱 아쉬움이 남는다.

결과는 우리 후보가 당선이 되었고, 이날을 잊지 못할 것이다. 내가 당선이 된 이유는 내가 잘 나서가 아닌 선거운동을 열심히 도와준 선거 도우미들과 공약을 같이 만든 후보자들 덕분이라고 생각한다. 이런 모습에도 불구하고 나를 믿어준 사람들이 있기 때문에 더 열심히 하게 된다. 소견 발표회에서의 실수를 인정하고 발전하는 모습을 보여주고 싶다. 26대 학생회에서는 눈에 띄게 달라진 모습으로 보답할 것이다.

♡ ◯ ◁   ▯

1학년 노정현 학생

사랑합니다!!

⠀

🙂 **사랑합니다!!**

당진고등학교 학생회에 들어와서 하는 일은 급식 지도, 아침 지도, 체육대회 준비 등 다양하다. 그중 오늘의 주제는 아침 지도이다. 아침 지도는 두 명씩 짝을 지어 교문에 한 팀, 중앙계단에 한 팀이 일주일 동안 돌아가며 다른 학생이나 선생님들이 오실 때마다 "사랑합니다~"라고 인사하는 일이다.

나는 주로 중앙계단 쪽을 맡았다. 중앙계단 위에는 2학년과 3학년 반이 많고, 아래에는 본 교무실이 있어 선생님과 학생들이 자주 지나다닌다. 아침 지도 일을 처음 했을 때는 모르는 학생들과 선생님들께 사랑한다고 말하는 것이 부끄럽기도 하고, 학생회가 이런 행사를 하는 이유를 잘 몰라서 망설이기도 했다. 하지만 다른 학생회 선배들이 아침마다 "사랑합니다~"라고 기분 좋게 인사하는 모습을 보면서, 등교하는 하루하루가 행복하게 느껴졌다.

　이런 생각이 들었다. '다른 사람들도 나처럼 느끼면 좋겠다.' 그래서 아침 지도할 때 좀 더 활기차고 큰 목소리로 "사랑합니다!!"라고 외쳤다. 그렇게 인사하면 친구들이나 선생님들도 함께 인사를 해주셨고, 그때마다 나는 정말 기분이 좋았다. 그 순간은 하루를 활기차게 시작할 수 있는 힘이 되었다.

♡ ○ ▽　　　　　　　　　　　　　　　　　　　　　　口

김주혜(2018~2019. 20대 학생회장) 선배님 인터뷰

_ 이지향

7월 22일 월요일, 당진고등학교 20대 학생회장 김주혜 선배와 인터뷰를 진행했다. 인터뷰는 ZOOM을 통해 진행하였는데, 상당히 차분한 모습으로 질문에 친절하게 대답해 주셨다. 현재 당진고등학교 현황을 물어보시기도 했다. 그래서 인터뷰가 조금 더 수월하게 진행되었던 것 같다. 이 인터뷰로 현재 당진고등학교와 2017~2019년도의 당진고등학교의 차이를 알 수 있었다.

당진고등학교 재학 중 가장 인상 깊었던 일은 무엇입니까?

수학여행으로 중국에 갔던 경험이 가장 인상 깊었다. 해외에서 친구들과 함께 자고, 놀러 다니는 것은 처음 해보는 경험이었기 때문이다. 새로운 환경에서 친구들과 함께하며 다양한 문화와 풍경을 접할 수 있었던 것이 정말 특별했다. 그때의 즐거운 순간들이 지금도 생생하게 기억나고, 친구들과의 유대감도 더욱 깊어졌다. 여행 중에 겪었던 여러가지 에피소드와 소중한 추억들이 나에게 큰 의미가 있었다. 이런 경험들이 나의 시야를 넓혀주고, 더 많은 것을 배우고 싶다는 마음을 갖게 해주었다.

당진고등학교 생활이 어떻게 기억되나요?

반 대항 캠페인에서 노래를 개사하여 부르면서 춤을 추는 활동이 정말 기억에 남는다. 많은 사람들 앞에서 춤추고 친구들이 나를 찍는 모습은 굉장히 재미있었다. 그때의 즐거운 분위기가 아직도 생생하다. 기숙사 생활도 잊을 수 없는 경험이다. 기숙사 룸메이트가 랜덤으로 결정되어 다양한 학년이 함께 생활하면서 선후배 사이가 매우 친밀했다. 서로 공부를 도와주기도 하고, 자연스럽게 친해질 수 있었다. 기숙사에서는 외부 음식 반입이 금지였지만, 한 선배가 너무 치킨이 먹고 싶어 몰래 치킨을 사가지고 들어와서 밤에 함께 먹었던 기억도 많이 남아 있다. 그때의 비밀스럽고 즐거운 순간이 정말 재미있었다. 또한, 친구들과 점심을 먹고 학교 주변을 돌아다니며 소소한 추억을 만들었던 일들도 소중한 기억으로 남아 있다. 이런 경험들이 나에게 많은 행복을 주었고, 지금도 그 시절을 그리워한다.

학생회 사업 중 기억에 남는 사업이 있나요?

학생회 사업 중에서 선거운동이 가장 기억에 남는다. 세 후보가 있었고, 많은 인원이 선거운동에 참여하여 활기찬 분위기를 이뤘다. 처음으로 많은 사람들 앞에서 공약을 발표하는 경험은 아직도 생생하게 기억난다. 아침에 등교할 때 학생들에게 인사해 주는 것도 잊을 수 없는 경험이다. 많은 사람들에게 웃으면서 인사할 기회가 거의 없는데, 아침 일찍 가서 인사를 하는 것이 그때는 힘들었지만, 지금 생각해보면 소중한 추억으로 남아 있다. 그 순간들이 나에게 긍정적인 에너지를 주었다.

학생회 선거 때 어떤 공약을 했나요? 이행한 과정을 소개해주세요.

학교에 벌레가 많아 기숙사에서 고생했던 경험이 있다. 그래서 기숙사에 홈매트를 설치하는 것을 공약으로 내세웠다. 이를 위해 계획서를 작성하여 선생님에게 제출했었다. 홈매트를 설치하면 청결한 환경을 유지할 수 있고, 학생들이 보다 쾌적하게 생활할 수 있을 것이라는 생각에서 시작한 공약이었다.

고등학교 생활에서 느꼈던 아쉬운 점은 있을까요?

공부를 조금 소홀히 했던 것 같다. 학교 다닐 때 더 열심히 공부했더라면 '더 좋은 대학교에 갈 수 있었을 텐데'라는 아쉬움이 남는다. 그 외에는 학교에서 특별히 아쉬웠던 점은 없다. 친구들과의 소중한 추억과 다양한 경험들이 있었기 때문에, 전반적으로 좋은 시간을 보냈다고 생각한다.

학생회 다모임에서 있었던 일은 무엇이 있나요?
학생회 협의 장소, 분위기 등 궁금합니다.

교장 선생님이 같이 참여하시지는 않고 학생회끼리만 모였던 것 같다. 학생회 규칙을 개정할 때 각 학급 반장, 부반장과 학생회, 선생님들까지 같이 딱 한 번 해본 적은 있었고 모여서 의견을 나누었다. 이후 설문조사 플랫폼으로 투표를 통해 학생들의 의견이 어떤지 모으고 이를 선생님들에게 전하는 식으로 진행했다.

현재 생활에 당진고등학교 시절이 준 영향은 무엇이 있을까요?

학생회를 하면서 지금의 사회성 증진에 큰 도움이 되었다고 말할 수 있다. 본래 내 성격이 매우 내향적이었지만, 학생회 활동을 통해 자신감과 리더십이 향상되었다. 이 과정에서 사람들과 소통하는 것이 얼마나 의미 있는 일인지 깨닫게 되었다. 그래서 '대학교에서도 학생회를 해볼까?' 라는 생각이 들어, 대학교에서도 학생회 활동을 이어갔다.

당시 학생회장 연합회(DSP) 활동에 대해 알려주세요.

초창기에는 각 학교가 연합하는 모임이 있으면 좋겠다는 생각으로 소규모 활동을 시작했었다. 그러나 제한적인 시간과 공간 속에서 당진시의 협조를 얻다 보니 모임이 점점 커지게 되었다. 이 과정에서 회장과 부회장을 뽑고, 담당 선생님까지 섭외한 후 청소년 축제 등의 행사에서 부스나 경연대회를 주관하게 되면서 점점 더 큰 역할을 맡게 되었다. 다른 학교의 학생회장들을 만날 기회는 흔치 않은데, DSP 덕분에 이러한 활동을 통해 색다른 경험을 할 수 있었다. 다양한 학교의 학생들과 소통하며 서로의 아이디어와 경험을 나누는 것이 정말 뜻깊었다.

학생회에서 공지사항이 있을 때나, 홍보할 일이 있을 때
그것을 학생들에게 전달하는 방식은 어땠나요?

학생회에서 공지사항이나 홍보할 일이 있을 때, 주로 페이스북과 같은 SNS를 활용하여 학생들에게 전달했다. 이러한 플랫폼을 통해 빠르고 효율적으로 정보를 전파할 수 있었고, 학생들이 쉽게 접근할 수 있는 장점이 있었다. 또한, 포스터나 이미지와 함께 게시함으로써 시각적으로도 주목을 끌 수 있도록 노력했다. SNS를 통해 학생들과의 소통이 원활해지고, 공지사항에 대한 반응도 즉각적으로 확인할 수 있어 매우 유용했다.

마지막으로 나에게 당진고등학교란? 혹은 학교가 그리웠던 순간이 있었나요?

나에게 당진고등학교는 '돌아가고 싶은 순간'이다. 성인이 되면 친구들을 제약 없이 만나고 놀 수 있는 기회가 많을 줄 알았지만, 지금 와서 돌이켜 보니 학생 시절에 아무 생각 없이 학교에서 친구들과 함께하는 시간이 정말 소중했던 것임을 깨닫게 되었다. 그때의 순수한 즐거움과 따뜻한 우정이 그리워진다. 다시 그 시절로 돌아가고 싶다는 생각이 자주 든다.

위 인터뷰를 진행하고 생각한 것은 바로 '차이'다. 흔히 생각할 수 있는 것이라고 해도 5년 동안 많이 바뀌었다. 선배님 말로는 주변 사람들이 다 순하고 많이 웃고 다녀서 분위기가 시험 기간이거나 중요한 날에 우울해 있지 않고 두루두루 잘 놀고 많이 웃었다고 하였다. 하지만 지금 내가 느끼기에 당진고등학교의 분위기는 우중충한 먹구름 같다. 다들 시험 준비나 대학 면접, 대망의 수능 등과 같은 중요한 순간을 두고 많이 지쳐있다. 지금은 힘들고 지치지만, 나중에 생각해 보면 지금 이때가 가장 행복했다는 말에 나도 그렇게 느끼고 싶다.

현재의 기록과 미래의 일 사이에서

혁신학교 기록물 제작을 맡으면서 많은 고민과 그에 따른 행동이 수반되었다. 이 과정에서 실패와 좌절감, 그리고 큰 책임감을 동시에 느꼈다. 당진고등학교의 10년간 혁신학교 모습을 제대로 담아낼 수 있을까 하는 불안감도 생겼다. 하지만 학생들의 일상을 들여다보며 한 사람 한 사람의 삶의 모습이 드러났고, 그들의 성격을 더 깊이 이해하게 되었다. 교실 안에서나 행동, 말로만 알 수 있었던 것보다 훨씬 더 풍부한 이해를 얻게 된 신기한 경험이었다. 이 경험만으로도 큰 수확이라 할 수 있다.

타인에게 관심을 갖고 바라보는 일은 주의를 기울이지 않으면 알 수 없는 부분이다. 인터뷰를 통해 당진고등학교가 지난 시간 동안 이뤄낸 혁신학교로서의 성과들을 알게 되었다. 혁신학교를 이끈 교사와의 인터뷰는 많은 생각을 하게 했고, 학생들은 졸업생들과의 인터뷰를 통해 새로운 경험을 하며 이를 기록함으로써 삶에 도움이 되었다고 생각한다. 코로나19와 여러 가지 이유로 과거와 현재는 변화가 있었고, 주어진 상황이 항상 변한다는 사실도 느끼게 되었다. 이러한 변화 속에서도 학교가 학생들에게 제공하는 경험이 얼마나 중요한지를 다시 한번 깨닫게 되었다. 변화는 불가피하지만, 그 속에서 우리가 어떻게 적응하고 성장할수 있는지를 고민하는 것이 필요하다.

공자의 말씀을 담은 '중용'이라는 책에서 '중'은 입체의 '중'을 의미하며, 이는 평면이나 선분의 가운데, 혹은 막대기를 수평으로 들어 올릴 수 있는 지점을 나타낸다. 즉, 상반된 두 의견을 모두 포괄할 수 있도록 알맞게 드러난 상태를 의미한다. '용'은 변하지 않는 가장 평범한 진리를 뜻하며, 그것이 바로 '중'이다. 중은 불변하는 것이 아니라 상황에 따라 계속 변화하는 상태를 말하며, 공자는 변화에 맞춰 올바른 행동을 취하는 것에 대해 일깨워 준다. 그러므로 우리는 항상 변하는 상황에서 적절한 중이 무엇인지 알고 실천해야 하며, 이는 환경의 변화를 정확히 이해해야 함을 의미한다.

지난 10년간 당진고등학교는 많은 변화를 겪었다. 지역의 타 고등학교에 비해 선호도가 낮았던 시기가 있었지만, 어느 순간 상황이 달라지고 지역사회에서의 인식이 긍정적으로 변화하게 되었다. 이는 당시 당진고등학교에 있던 교사, 학생, 학부모 등 교육공동체의 노력이 이룬 성과라고 생각한다. 이전의 문제 상황을 인식하고 해결하고자 하는 마음, 그리고 당진고등학교를 아끼고 사랑하는 마음에서 비롯된 결과이다. 과거의 모습을 돌아보는 것은 현재를 이해하고 미래를 준비하기 위해 꼭 필요한 일이다. 과거의 경험에서 우리는 어떤 교훈을 얻어야 할지, 현재의 삶에서 무엇을 실천해야 할지, 그리고 어떤 미래를 그려야 할지 고민하게 된다.

그림을 그리다 보면 묘사 대상의 복잡성과 거대함에 압도되어 버릴 때가 있다. 그럴 때 대상을 무섭게 생각하지 않고 대상을 그려내려면 전체 중 부분을 잘라서 그 부분만 묘사를 먼저 시작하는 것이다. 전체적인 설계 아래 세부 묘사를 살릴 수도 있지만 전체적인 설계도가 없는 대상을 그려야 하는 상황에서는 하나하나 조금씩 나눠서 일부를 집중해서 최대한 관찰하여 그리는 것이다. 예를 들어 풀밭을 그려내야 할 때 복잡한 풀밭을 보고 어떻게 그려야 할지 막막해진다. 그러나 한 개 한 개의 풀잎을 대상으로 삼아 하나씩 그려 나가다 보면 어느새 도화지에 꽉 차 있는 풀밭을 보게 된다.

이 글쓰기의 결과가 어떻게 될지 아직 알 수 없는 상태다. 정해진 것이 없고 어떤 결과로 나올지 그림이 그려지지 않는 상황에서 내가 할 수 있는 일은 계획을 나누는 것이다. 오늘 하루 무엇을 할 수 있는지, 그리고 그 실행은 어떤 결과를 가져왔는지 점검하고 그다음 계획을 만들고 진행하는 수밖에 없다. 풀잎 하나를 만들고 그 옆의 풀잎을 만들고 그다음 또 그다음, 그러다 보면 어느새 풀잎은 풀밭을 가득 메우게 된다. 풀은 대상이 반복적이라서 단순하다고 생각할지도 모른다. 그런데 미래를 알 수 없는 일을 할 때는 현재를 반복하는 것이 답이라고 생각한다. 현재에 그 문제를 골똘히 생각하다 보면 하나의 방법이 떠오르고, 그 일을 행하고 그다음 대안을 생각하고 다음 일을 행하는 것이다. 그러다 보면 잘

못된 방법을 열심히 실천하고 있을지도 모른다. 그렇다. 그것 때문에 전체적으로 어떤 결과라는 것을 알고 시작하는 일이 효율적이다.

그러나 미래 예측이 되는 일은 아주 많지 않다. 예측이 도저히 어려운 일은 성찰하는 것을 전제하에 현재에 할 일을 충실히 하는 것이 답일 때가 많다. 만약 다른 잘못된 길을 가고 있는 거라는 생각이 들면 다시 되돌아가는 수고를 겪더라도 말이다. 지금은 혁신학교 기록물이 그 알 수 없는 결과물의 대상이다. 그 결과는 모르지만, 현재 나는 오늘도 학생들과 관련 협의를 했다. 많은 이야기가 오갔고, 이야기를 작성한다. 그 이야기들이 실제 책에 실릴지에 대해 의문이라는 이야기를 했다. 나의 삶이 드러나는 이야기를 쓰게 된다는 의견과 과연 어떤 부분까지 책에 실릴지 모르겠다는 말이 많았다. 그 말들을 듣다가 나도 잘 모르고 옆에 있는 선생님도 모른다고 답했다. 우리가 처음 하는 일이기에 모르는 일이 많다. 그러나 매주 협의하고, 글을 쓰기 시작했다. 하나하나 풀잎을 완성하는 것처럼.

과연 어떤 결과물이 나오게 될지 궁금하지만, 모른 채 서로의 생각을 공유한다. 그러다가 서로의 이야기를 하게 되고 그 이야기를 읽는 게 재밌다고 한다. 의견을 말하는 학생들의 모습이 예쁘고 귀담아듣는 모습이 사랑스럽다. 서로 이렇게 다가서고 이야기가 즐겁고 그러는 게 잘하고 있는 거겠지?

{ 집필팀 }

김 현 한
기록 당시 3학년. 기록물 학생 연구회 회장. 교사를 꿈꾸는 학생으로 교육
봉사활동 및 [당고신문] 집필 등 다양한 활동에 참여하고 차분한 졸업생
인터뷰 진행을 이끌었다.

박 희 웅
기록 당시 3학년. 기계공학과 진학을 꿈꾸는 학생. 매번 글쓰기에 빠짐없이
시간을 지켜 보내줬으며 읽다 보면 학교 생활이 보이고 공감이 간다.

김 한 결
기록 당시 2학년. 경찰을 희망. 전교생을 대상으로 체육대회 사회를
보고 연극 동아리에 참여하는 등 발표력과 연기력이 우수한 학생이다.
글쓰기에는 자신 없어 해서 중간에 하차를 결심하기도 했으나 끝까지
할 수 있도록 기록물 운영 학생들이 '하차 없음'을 외쳤다.

이 지 향
기록 당시 2학년. 의료계통 진학을 희망. 기록물 학생 연구회 부회장.
자신이 맡은 일을 끝까지 해내는 믿음직스러운 모습을 보여준다.
온새미로라는 학교협동조합에 관한 글을 담았으며 내면이 단단한 느낌을 준다.

＊**캐리커처** _김형수 작가

정 은 지

기록 당시 2학년. 사회정책 전문가를 희망. 26대 학생회장 선거에서 당선된
학생회장이다. 먼저 할 일을 챙기고 물어봐 주는 주도적인 성격으로
작은 체구와 여리여리한 외모지만 다양한 활동을 하는 에너지 넘친다.

김 찬 용

기록 당시 1학년. 새내기 학생으로 당차고 밝은 인상이 매력적이다.
말이 많이 없지만 필요한 말을 적재적소에서 하는 편이다.

노 정 현

기록 당시 1학년. 웃는 얼굴이 귀엽고 선한 인상이다. 밝은 성격으로
고개를 끄덕이며 긍정의 신호를 보내는 모습이 상대를 기분 좋게 한다.

임 계 은

미술 교사. 2023년부터 당진고등학교에서 근무하고 있다.

이 준 민

사회 교사. 2024년 당진고등학교로 발령받은 신규교사다.

함께 이어가는 우리

초판 1쇄 발행 2024년 12월 5일

지은이 당진고등학교혁신기록팀

발행인 김병주
편집위원회 김춘성 한민호
디자인 정진주 **마케팅** 진영숙
에듀니티교육연구소 이문주 백헌탁

펴낸 곳 (주)에듀니티
도서문의 1644-5798
일원화 구입처 031-407-6368 (주)태양서적
등록 2009년 1월 6일 제300-2011-51호
주소 서울특별시 중구 남대문로 117, 동아빌딩 11층
출판 이메일 book@eduniety.net
홈페이지 www.eduniety.net
페이스북 www.facebook.com/eduniety
인스타그램 www.instagram.com/eduniety/
　　　　　　www.instagram.com/eduniety_books/
포스트 post.naver.com/eduniety

ISBN 979-11-6425-170-4

문의하기

투고안내

값은 뒤표지에 있습니다.